SOUVENIRS

DU

SECOND EMPIRE

Librairie de E. DENTU, Editeur.

DU MÊME AUTEUR

LE

SECRET DU CHEVALIER DE MEDRANE

Un vol. grand in-18. — Prix : **3** francs.

SOUVENIRS

DU

SECOND EMPIRE

PAR

A. GRANIER DE CASSAGNAC

Député et Membre du Conseil général du Gers

PREMIÈRE PARTIE

LA PRÉSIDENCE ET LE COUP D'ÉTAT

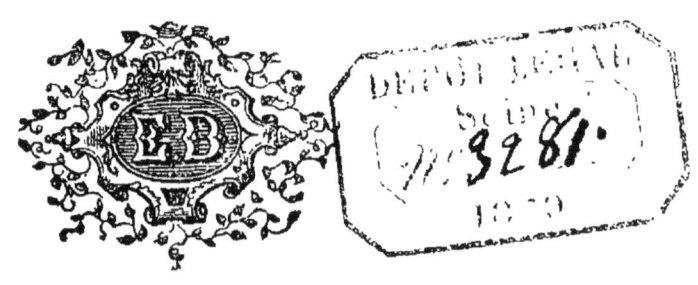

PARIS

E. DENTU, LIBRAIRE-ÉDITEUR

PALAIS-ROYAL, 17-19, GALERIE D'ORLÉANS

—

1879

Tous droits réservés

A MADAME PAUL DE CASSAGNAC.

———

Ma Chère Fille,

Je vous dédie ces souvenirs
où je rends témoignage, en les éclairant d'un jour nouveau,
aux idées souvent ignorées, plus souvent méconnues,
qui dirigèrent les actes de l'empereur Napoléon III,
et dont l'heureuse fortune de ma vie
me fit le respectueux confident et l'humble interprète.
Vous y reconnaitrez les sentiments déjà familiers a votre cœur
quand vous êtes entrée dans une famille de lutte,
et vous y aimerez
le mobile des natures d'élite, comme la vôtre,
la droiture de l'ame, la religion et le devoir.

A. GRANIER DE CASSAGNAC.

PRÉFACE

Une longue pratique du journalisme me valut, en 1849, l'honneur d'être invité par le prince Louis-Napoléon à soutenir sa politique.

Du fond de ma province, où la Révolution de 1848 m'avait jeté, et où j'avais, dans la presse locale, proposé sa candidature à la présidence de la République, mes sentiments s'étaient fait jour jusqu'à lui, et je me rendis respectueusement à son appel.

J'étais guéri par l'expérience, comme beaucoup d'autres, des espérances qu'avait pu faire naître le régime parlementaire, qui venait encore une fois de s'écrouler, quoique pratiqué par un roi sage et par une bourgeoisie éclairée.

Le besoin général d'ordre et de sécurité, qui éclatait de toutes parts, me fit croire que si le suffrage universel faisait alliance avec le principe d'autorité et d'hérédité, et s'il prenait sous son patronage un pouvoir supérieur, libre et dirigeant, un ordre de choses enfin reproduisant Louis XIV et Napoléon, contrôlés et contenus par la volonté du peuple, cette alliance de la tradition et du progrès serait une force plus capable qu'aucune autre de maîtriser l'ébranlement imprimé par la secousse de 1789 à la société moderne.

Ce désir de voir le principe d'autorité adopté par le principe de liberté, et une nouvelle dynastie élevée, comme elles le furent toutes, par le libre choix d'un peuple, me fit l'auxiliaire convaincu du prince Louis-Napoléon, pour l'aider à devenir, de député, président de la République, et de président de la République, empereur.

Placé par mon rôle de journaliste à côté, mais en dehors du pouvoir officiel; n'ayant jamais eu comme Jacques Coste sous Casimir Périer, ou comme Lingay sous le maréchal Soult, la prétention d'entre-bâiller la porte du Conseil des Ministres, mais trouvant grande ouverte, quand il le fallait, la porte du Cabinet du Prince, je n'ai jamais ostensiblement participé à aucun acte politique. Néanmoins, j'en ai vu et entendu préparer beaucoup; et, dans la sphère de mon rôle et de l'action qu'il comportait, j'ai, plus d'une fois, connu les causes intimes d'événements considérables, dont le public ne voyait que la manifestation extérieure.

C'est comme loyal témoin du Prince, tour à tour président de la République et empereur; c'est comme confident respectueux et fidèle de beaucoup de ses pensées ; c'est comme coopérateur discret de beaucoup de ses actes, que j'ai voulu, après sa mort, et, si Dieu le permet, avant la mienne, initier le public aux mobiles qui dirigèrent l'homme que j'ai le plus honoré et le plus aimé.

Je ne juge pas ses idées, je les expose ; je n'apprécie pas ses actions, je les raconte ; seulement, j'éclaire les unes et les autres de révélations qui en sont le commentaire, révélations qui aideront l'opinion publique à être juste et l'histoire à être vraie.

Les contemporains ont vu l'Empereur ; mon livre l'explique.

Je n'accomplirais pas tout mon devoir, si je ne consignais ici un témoignage de ma gratitude pour M. Henri de Villemessant et pour M. Francis Magnard, dont l'esprit élevé et la large sympathie ont ouvert l'immense publicité du *Figaro* à ces pages intimes de l'histoire contemporaine.

A. GRANIER DE CASSAGNAC,

Député et Membre du Conseil général du Gers.

Château du Couloumé, mars 1879.

SOUVENIRS

DU

SECOND EMPIRE

I

LE PRINCE LOUIS-NAPOLÉON M'APPELLE A PARIS.

J'étais retiré à la campagne, après la révolution de Février. — État des esprits parmi les populations rurales. — Confiance qu'inspire le prince Louis-Napoléon. — Je mets en avant sa candidature pour la présidence de la République. — Ma lettre à un journal sur le socialisme. — Ledru-Rollin demande des poursuites contre moi. — Le Prince me fait demander d'aller soutenir sa politique. — J'accepte, en ajournant mon départ. — J'arrive à Paris au mois d'avril 1850. — État dans lequel je trouve les esprits.

De tous les types romains qui passionnèrent ma jeunesse, Marcus Varron, érudit et paysan, est celui qui me séduisit le plus. Avoir, comme lui, un domaine en vue des montagnes, m'y composer une bibliothèque, y méditer et y écrire en paix, me parut toujours le sort le plus enviable. Aussi, lorsque, pendant un assez long séjour en Italie, je pus accomplir un pèlerinage à la célèbre abbaye du mont Cassin, près de San-Germano, dans le royaume de Naples, où sont les ruines de l'amphithéâtre de l'antique Casilinum, le bonheur de passer une nuit dans le monastère, au-dessous de la cellule de saint Benoît, n'eut-il d'égal à mes yeux que celui de loger en ville, à l'auberge qui porte le nom de mon héros, à l'*Albergo di Marco Varrone;* d'aller tous les soirs, dans la plaine du Vulturne, chercher les débris de sa maison et de sa volière, et de dérober, en tremblant, une belle tige de sureau à la touffe luxuriante qui ombrage la source de sa fontaine.

Aussitôt qu'en 1837, époque heureuse où les lettrés travaillaient beaucoup et vivaient à bon marché, mon traitement mensuel de rédacteur de la *Presse* fut porté à cinq cents francs, l'idée de devenir le Varron des Pyrénées s'empara violemment de moi. J'écrivis dans les Revues, je fis pour M. Guizot le dépouillement de diverses collections de chartes et diplômes ; et lorsque je sentis sous ma main un petit magot, encore bien modeste, je choisis mon domaine et mon château. C'était un manoir habité par une ancienne famille seigneuriale, illustré par le séjour de l'abbé de Montesquiou. Il avait sous ses fenêtres toute la chaîne des Pyrénées, depuis Perpignan jusqu'à Bayonne. Confiant dans l'avenir, j'achetai dix fois plus de terre que je n'avais d'argent ; mais, en m'imposant de longues années d'économie, je me préparais une retraite pour m'abriter, quand viendrait la vieillesse, et, peut-être, quand viendrait le malheur.

Je vivais là, après la révolution de 1848, épave des lettres et du journalisme de Juillet, travaillant et méditant au milieu des miens ; conduisant, le matin, à l'école du village, l'aîné de mes enfants, Paul, aujourd'hui député de Condom ; enseignant, le soir, l'alphabet au second, Louis, aujourd'hui lieutenant au 9° dragons ; poussant, avec une ardeur fiévreuse, pendant la journée, mes quatre volumes de l'*Histoire des causes de la Révolution française*, avec le dessein et l'espoir de faire oublier les monstruosités écrites par M. Thiers sur les Montagnards, et les folies composées par M. de Lamartine sur les Girondins.

Le présent était sombre. Le dimanche, devant l'église, les jours de conseil municipal, dans la salle commune, mes voisins, dont j'avais la confiance et l'amitié, me questionnaient sur l'avenir. Je leur montrais la seule lueur que je voyais à l'horizon, le nom du prince Louis-Napoléon, qui venait d'être nommé président de la République.

Je ne le connaissais pas. Je n'avais jamais eu l'occasion de l'étudier ou de le juger, n'étant pas encore mêlé au journalisme politique, lors de la tentative de Strasbourg, et me trouvant en Amérique, quand vint le grand procès de la tentative de Boulogne.

Mais ayant longtemps vécu au milieu des habitants de la campagne, j'avais été frappé de la puissance que la légende napoléonienne exerçait sur leur esprit. Les uns exaltaient la gloire de l'Empereur, les autres rappelaient la réouverture des églises, restées sept ans sans prêtres, et où, de toutes parts, les jeunes garçons et les jeunes filles s'étaient rendus à pied, en 1801, pour se faire baptiser ; tous le bénissaient d'avoir fondé la société moderne, arrachant la révolution à la férocité des démagogues et aux rancunes des émigrés.

Un nom en possession d'un tel prestige me semblait un terrain solide, pour y asseoir la France régénérée.

Trois mois avant le 10 décembre 1848, lorsque les esprits inquiets cherchaient un candidat pour la présidence de la République, une petite réunion intime avait eu lieu, à Bordeaux, dans les bureaux du *Courrier de la Gironde*. J'y soutins, sans réussir à la faire prévaloir, la candidature du prince Louis-Napoléon, comme la seule qui fût capable d'entraîner les populations rurales. Rentré dans le Gers, j'écrivis et je signai dans le journal d'Auch, *l'Opinion*, deux articles où je proposais le Prince au choix de mon département ; et, le jour de l'élection, le 10 décembre, lorsque toute la commune, jeunes et vieux, notre bon curé en tête, se rendit au scrutin du canton, mon candidat emporta tous les suffrages, sauf ceux d'une dizaine de bourgeois, qui votèrent pour le général Cavaignac et pour la République.

Dans ma conviction profonde, ou la France conservatrice n'avait pas d'avenir, ou son avenir était dans le nom qui venait d'être proclamé.

Nous en étions là depuis une année, lorsque, au mois d'avril 1849, je reçus du Prince, par l'intermédiaire d'un de mes amis, la proposition de venir à Paris, et d'y soutenir sa politique.

L'Empereur, qui fut toute sa vie un journaliste, aimait

beaucoup la presse : prisonnier à Ham, il fit du journalisme dans le *Progrès du Pas-de-Calais*; à l'Élysée, il en fit avec M. de La Guéronnière ; aux Tuileries, il en fit avec M. Duvernois et avec M. Vitu ; partout, depuis 1850, il en fit avec moi, même à Willemshoë, même à Camden-Place, où quelques mois avant sa mort, il corrigea les épreuves d'une brochure écrite en commun, et publiée par Amyot.

Une fois nommé président de la République, il chercha une plume ayant les loisirs qu'il n'avait plus, et pouvant, sans l'engager, donner une forme à ses pensées. Il aimait l'énergie, la concision, l'image. Il y avait, certes, des talents à Paris ; mais ils s'étaient tous plus ou moins compromis, qui avec les légitimistes, qui avec les orléanistes, qui avec les républicains. Ma chère retraite des Pyrénées m'avait tenu à l'écart et préservé de toute compromission. J'étais neuf par mon silence ; une longue retraite me rendait nouveau. Il s'enquit auprès d'Augustin Chevalier, son chef du cabinet, d'un journaliste selon ses vues. Celui-ci, qui n'était pas de la presse, s'enquit de son côté.

Il y avait alors, entre la presse et les ministères, un personnage, type primordial du *reporter*, qui existe encore et qui existera toujours : insinuant, actif, questionneur, suffisamment discret, habituellement méridional, avec la bonne humeur, l'obligeance et l'accent de Toulouse. Ce personnage demande, sait ou invente ce qui se passe dans les ministères politiques, et apporte son tribut à l'œuvre quotidienne des journaux, sans être lui-même un journaliste. Celui qui fréquentait et servait l'Élysée, en 1849, bien connu de la presse d'alors, se nommait Lamartinière. Je l'avais connu au *Globe* et à *l'Époque*, il avait pour moi un grand dévouement. Au premier mot d'Augustin Chevalier sur le journaliste que cherchait le Prince-Président, il me proposa, et il reçut presque immédiatement l'ordre de m'écrire.

« Je suis chargé, m'écrivit-il, de la part de gens qui apprécient votre concours, de vous demander si vous approuvez la politique du Prince, et si vous seriez disposé à l'appuyer. Dans le cas de l'affirmative, vous seriez immédiatement invité à venir à Paris, où il vous serait fait un accueil digne du prix qu'on attache à vos services. »

M. Carlier, dont j'aurai à parler longuement, et qui fut l'un des plus habiles préfets de police, intervint au nom du Prince, pour hâter mon arrivée, et adressa la lettre suivante à un de mes amis :

« Paris, 25 novembre 1849.

« Je vous prie de faire savoir à M. Granier de Cassagnac que je suis prêt à faire avec activité ce qu'il désire pour M. X..., et que je le ferai avec le désir et la volonté de réussir; mais à une condition, c'est que M. Granier de Cassagnac reviendra bientôt à Paris, pour nous aider à faire rentrer dans le néant, d'où ils n'auraient jamais dû sortir, toute cette troupe de bohèmes qui désolent notre pauvre pays, depuis bientôt deux ans.

« Votre dévoué,

« P. Carlier. »

La question relative à mon adhésion à la politique du Prince-Président ne pouvait me trouver hésitant ; j'y répondis en envoyant les deux articles dans lesquels, trois mois avant son élection; j'avais mis en avant sa candidature, comme la seule chance de rétablir l'ordre et de relever le pouvoir.

Ma rentrée à Paris offrait plus de difficultés. Le quatrième volume de mon *Histoire des causes de la Révolution* n'était pas terminé, et l'ouvrage entier s'imprimait à Auch, où ma présence était encore longtemps nécessaire. Je ne voulais pas reparaître devant le public sans lui apporter mon œuvre la plus considérable; et précisément celle qui pouvait me donner quelque autorité dans les luttes qui m'appelaient.

J'ajournai donc d'environ une année, et à mon grand regret, le concours, d'ailleurs résolu dans mon esprit, que le Prince me faisait l'honneur de me demander, me bornant à envoyer, de temps en temps, quelques articles rapidement brossés à un journal énergiquement bonapartiste intitulé *le Pouvoir*, qu'un filateur de Falaise, nommé M. Lelogeais, soutenait avec le plus honorable désintéressement, et dont Lamartinière était le gérant. Plus tard, ce petit journal fera parler de lui.

Peu de temps après se produisit un incident qui ajoutait à mon impatience, et qui semblait marquer ma place dans la presse de combat.

Proudhon, resté jusqu'alors dans la pénombre révolutionnaire, venait d'éclater au grand jour. Il ouvrait son sac lorsque Louis Blanc, Victor Considérant et Pierre Leroux avaient vidé le leur, et il prenait la parole au moment où les autres étaient enroués. Son but, qu'il avoua franchement plus tard, était de *poser la question sociale avec terrorisme, et de faire peur*. Il y réussit. La société prit l'alarme, l'Assemblée s'inquiéta, et l'Académie des sciences morales et politiques chargea M. Thiers de défendre la propriété.

Proudhon n'était pas un républicain, c'était un rêveur, lancé sans études préalables suffisantes dans des plans de réorganisation sociale, et qui s'était hâté de cuire son pain avant de l'avoir pétri. L'ensemble des idées et des sentiments infusés dans la société par le christianisme le gênait; il ne trouvait nulle part une place nette pour poser la première assise de son rêve. Aussi avait-il Dieu en horreur, et il se proposait de *l'expulser des affaires humaines*. Lorsque, le 28 mars 1849, le jury de la Seine l'eut condamné à trois ans de prison, pour ses attaques violentes contre la société, M. Carlier, préfet de police, eut pour lui tous les ménagements et tous les égards que leur situation à tous deux comportait. Proudhon s'en montra touché et reconnaissant. Il écrivit presque chaque semaine une lettre à M. Carlier. J'ai lu cette curieuse et volumineuse correspondance. Si jamais on la retrouve et qu'on l'imprime, on y verra l'expression la plus véhémente et la plus colorée du dédain et du mépris qu'aient pu inspirer à personne les coryphées du parti républicain.

Le caractère dominant et le côté sérieux du talent de Proudhon, c'était d'être un polémiste énergique et inépuisable. Ce qu'il avait d'invectives passionnées à son service dépasse ce qu'on peut imaginer. Un homme fort connu pour son esprit d'initiative en matière de presse, M. Dutacq, fondateur du *Siècle*, conçut l'idée un peu folle de créer une Revue politique et littéraire qui n'aurait eu que trois rédacteurs, indépendants l'un de l'autre, et qui auraient été Proudhon, M. Louis Veuillot et moi. Proudhon n'avait pas dit non, M. Louis Veuillot et moi nous demandâmes à réfléchir, et M. Dutacq mourut.

Le désarroi causé dans les esprits par le socialisme de Proudhon fut immense. L'Assemblée nationale en fut troublée. Les conservateurs réunis rue de Poitiers organisèrent une souscription pour faire écrire et répandre des brochures, et, à la demande de l'Académie des sciences morales et politiques, M. Thiers publia la sienne. Au milieu de cet affaissement des esprits, plaçant la société sous la protection d'une impuissante écrivasserie, au lieu de l'abriter sous la sauvegarde des lois, énergiquement appliquées, un journal de Bordeaux, disparu depuis, *le Mémorial*, annonça que les conservateurs fondaient un journal destiné à combattre les théories de M. Proudhon, et que je venais d'en accepter la rédaction en chef.

J'écrivis au *Mémorial* pour démentir la nouvelle. Je lui disais, en terminant : « Les attaques dirigées contre l'existence de la société et contre l'ordre public ne relèvent pas du journalisme, mais de la gendarmerie. Lorsqu'ils ont un malfaiteur devant eux, les procureurs généraux font des réquisitoires, non des articles. Je n'accepterais donc pas la tâche de défendre par la presse la société contre le socialisme. Lorsqu'il vient à la mettre

1.

en péril, on ne discute pas le socialisme, on le supprime. La faux ne discute pas avec l'ivraie. »

Ma lettre causa un grand scandale dans la presse révolutionnaire de Paris. M. Ledru-Rollin monta à la tribune et somma le garde des sceaux de me poursuivre. Une demande de poursuites contre un homme qui demandait une défense plus énergique de la société, c'était un signe du temps, et caractérisait le trouble profond dans lequel était plongée la France, que le Prince-Président avait à conduire.

J'arrivai enfin à Paris, le 12 avril 1850. La ville, d'abord rassurée par l'énergique répression de l'émeute du 13 juin de l'année précédente, venait de retomber dans ses perplexités, à la suite des élections socialistes du 10 mars, et la situation troublée où je trouvais la capitale me fut pleinement expliquée par trois conversations que j'eus en arrivant : la première avec M. Guizot, la seconde avec M. de Girardin, la troisième avec M. Véron.

II

MA VISITE A M. GUIZOT.

Mes longues et anciennes relations avec M. Guizot. — Lettre qu'il m'écrit à la campagne. — Question qu'il m'adresse sur l'état des esprits en province. — Sa surprise en apprenant l'autorité morale dont y est investi le prince Louis-Napoléon. — Sans lui être hostile, il ne croit pas à l'avenir de son gouvernement. — Il espère en de vagues restaurations, dont le général Changarnier serait le Monck. — Il ne saisit pas la force de la volonté populaire. — Le sens de la marche des événements en France lui échappe, comme lui avait échappé, en 1847, le sens de la marche des esprits, dans les affaires d'Italie. — J'apprends chez lui l'opinion des salons de Paris.

M. Guizot était pour moi un patron ancien, aimé et respecté. Avec Victor Hugo et M. de Rémusat, il avait, en 1832, protégé mes débuts dans la presse parisienne, et ouvert au lettré de province l'accès difficile, envié et honorable de la *Revue de Paris* et du *Journal des Débats*. Ce que je puis savoir en politique, c'est à lui que je le dois d'abord et à l'Empereur ensuite. Je n'ai pas à dissimuler l'orgueil que je ressens d'avoir étudié à pareille école.

Du fond de ma province, j'entretenais des relations avec lui; je le savais à Paris, où il était revenu du Val-Richer dès l'entrée de l'hiver.

La lettre suivante, qu'il m'avait écrite au mois d'août précédent, m'avait fait assez connaître qu'il partageait mes sentiments sur la révolution de Février.

« Je vous remercie, mon cher Monsieur, de votre affectueux souvenir. J'ai toujours compté et je compte toujours sur vous. Vous avez trop d'esprit, trop de bon et grand esprit, pour que ces tempêtes, aussi stupides que violentes, vous emportent ou vous changent. Je suis rentré dans mon nid, avec un grand mélange de joie et de tristesse. J'y resterai jusqu'à la fin de l'automne. A cette époque, si Paris me convient, j'irai passer l'hiver à Paris.

« Je regarde et je travaille. J'attendrai impatiemment votre livre; pour tout le reste, j'attends tristement mais patiemment. Ce que nous voyons n'est pas plus nouveau que beau, et les honnêtes gens ont eu plus d'une fois, avant nous, sujet et tort de désespérer.

« Adieu, en attendant, mon cher Monsieur; gardez-moi tous les sentiments que vous voulez bien me témoigner, et comptez sur ceux que vous me connaissez pour vous depuis longtemps.

« GUIZOT.

« Val-Richer, 7 août 1849. »

Ce livre de moi qu'il attendait, en août 1849, était celui que je lui apportais en avril 1850.

Aussitôt annoncé à la modeste maison de la rue de La Ville-l'Évêque, aujourd'hui disparue, M. Guizot me fit entrer. Il aimait à me questionner, me trouvant, disait-il, le gros bon sens d'un paysan et les saillies folles d'un humoriste. « Eh bien! que dit-on en province? Que pensez-vous de la situation? » Telles furent ses premières paroles.

J'arrivais plein de la confiance absolue que les populations rurales avaient dans l'étoile du prince Louis-Napoléon. Les tentatives de Strasbourg et de Boulogne, qui lui valurent le blâme dédaigneux de la bourgeoisie, l'avaient au contraire ancré dans l'esprit des paysans. Ils détestaient la République, discréditée par ses violences et ses agents; le bavardage décousu et impuissant de l'Assemblée leur faisait lever les épaules, et, reportant tout leur espoir sur le caractère résolu du Prince, ils disaient: « Il osera tout, et il sera leur maître! »

J'avais exactement la même politique et la même conviction que les ruraux, et je répondis à M. Guizot: « La foi des campagnes n'a en ce moment que deux objets, Dieu et le Prince. Le nom de Napoléon est, dans l'ordre des choses morales et politiques, le seul point fixe que le doute n'ait pas encore ébranlé. Il faut y rattacher la France; si ce point venait à céder, nous roulerions immédiatement dans l'abîme. »

M. Guizot fut profondément étonné de ce langage. Il croyait encore au régime parlementaire et à la tribune, et le prestige absorbant du neveu de l'Empereur lui échappait.

Éminemment intelligent, profondément instruit, et bien supérieur par la portée de l'esprit à M. Molé et à M. Thiers, ses rivaux, il n'avait néanmoins jamais étudié, dans la poursuite et la direction du pouvoir, et il ne résolvait avec une puissante habileté que les problêmes dont les compétitions des classes moyennes et les luttes normales de la diplomatie ou de la tribune constituaient les éléments. C'était la seconde fois que je le trouvais complètement en défaut et franchement dérouté devant les problèmes que posent quelquefois de grands courants imprévus, formés par les idées ou par les passions populaires.

Pendant le mois de janvier 1848, j'arrivais de Rome, au moment où la question de la papauté préoccupait légitimement le gouvernement français, comme l'Europe entière. M. Guizot traita la question à la Chambre des pairs avec la hauteur ordinaire de son talent, et termina en conviant tous les hommes politiques à seconder le pape dans l'accomplissement de ses réformes libérales. Je lus son discours dans la soirée de mon arrivée, et le lendemain matin, à huit heures, je me présentais à son cabinet, au ministère des affaires étrangères, situé encore alors au boulevard des Capucines.

Quoique je ne l'eusse pas vu depuis six mois, il aborda brusquement la question, et me dit : « Avez-vous lu mon discours? Vous arrivez de Rome; quel effet y produira-t-il ? »

— Oui, monsieur le ministre, j'ai lu votre discours; il produira à Rome un effet déplorable.

— Et pour quelle raison? reprit-il, visiblement étonné et inquiet.

— Pour une raison fort simple, répliquai-je. Vous avez invoqué l'appui des pouvoirs publics, en vue d'aider le pape à opérer les grandes réformes qu'il a méditées, mais ce n'est pas là ce qui presse le plus, en ce moment ; ce qui presse, c'est, sans perdre un seul jour, d'aider le pape à ne pas être chassé de Rome par la révolution cosmopolite, ce qui ne peut pas tarder, vu l'état dans lequel j'ai laissé les esprits. Il y a six mois, Pie IX était le maître vénéré de Rome ; j'assistais presque chaque jour à la grande et solennelle bénédiction pontificale que, du haut du balcon du Quirinal, il donnait à deux mille Romains agenouillés. Aujourd'hui, Rome appartient à la Révolution, sans qu'elle s'en doute. Le Père Ventura, dans sa cellule du couvent *Della Valle*, joue de la meilleure foi du monde le rôle de La Fayette en soutane, et s'imagine conduire les jeunes et folles têtes qui l'entraînent ; de son côté, un marchand de paille, de foin et de blé, nommé Cicervacchio, joue dans le Transtevere, le rôle de Pétion. Cette ville de moines et de petits abbés est ivre de liberté de la presse et de garde nationale. La noblesse est divisée sur la question de savoir si les soldats-citoyens porteront le shako ou le casque grec. J'ai laissé dans les rues des manifestations bruyantes, demandant l'établissement d'une école polytechnique, sur le modèle de la nôtre. Vous le voyez donc, monsieur le ministre, laissez de côté les réformes administratives, dont personne ne se préoccupe à cette heure, et sauvez le pape, s'il en est encore temps, ce qui est fort douteux.

Subitement frappé d'un état de choses nouveau pour lui, placé sous ses yeux avec une crudité qui, même en la supposant un peu exagérée, ne semblait pas dépourvue de vraisemblance, M. Guizot voulut connaître par le menu cette situation de Rome et de l'Italie, que ses agents, et Rossi lui-même, lui avaient, me dit-il, laissé ignorer. Finalement, il me demanda d'aller répéter le tout à M. Duchâtel, dont l'indéfectible bon sens l'éclairait dans ses doutes, me priant en outre de me tenir prêt à repartir pour l'Italie, dans quelques jours, en passant par la Suisse, où le Sonderbund faisait des siennes. M. Duchâtel partagea complètement l'avis de M. Guizot, et je bouclais mes malles en conséquence, lorsque la révolution de Février éclata.

Eh bien ! la surprise et le désarroi où mes renseignements sur l'état des esprits à Rome avaient jeté M. Guizot, au mois de janvier 1848, mes renseignements sur l'état des esprits en province les renouvelaient, au mois d'avril 1850.

Comme M. de Lamartine, M. Guizot, dans sa jeunesse, avait eu la faiblesse de vouloir paraître inaccessible à la séduction exercée par l'empereur Napoléon, même dans l'éclat de sa puissance. En 1812, nommé professeur d'histoire par M. de Fontanes, il avait consenti à servir l'Empire, en refusant de louer l'Empereur dans son discours d'ouverture. Il aimait à me répéter ce détail, d'une fierté discutable. Le neveu de Napoléon participait naturellement à sa défaveur, sans participer encore au respect inspiré par sa gloire, et l'historien politique qui n'avait pas reconnu dans le 18 brumaire le salut de la révolution, ne pouvait pas être fort enclin à reconnaître dans le 10 décembre le salut de la société moderne. Néanmoins, M. Guizot parlait du président de la République, non seulement sans aigreur, mais encore avec convenance et avec gravité ; il se bornait à ne pas croire en lui.

Les seules forces politiques que M. Guizot eût profondément étudiées et puissamment maniées, c'étaient, je l'ai déjà dit, les forces parlementaires : il leur devait sa gloire, et il se complaisait à les croire capables de saisir de nouveau la société, qui leur avait échappé. Le gouvernement de la monarchie libre et constitutionnelle était encore son idéal, quoique il eût été impuissant à préserver soit la liberté ou la constitution, soit la monarchie ; et il était, non pas complice, mais spectateur bienveillant de restaurations encore vagues et innommées, dont le duc de Broglie était l'âme, et le général Changarnier l'épée.

Cette conversation me montra clairement deux choses : d'abord, que le salon de M. Guizot résumait la politique générale des salons de Paris ; ensuite que, dans ces salons, on n'avait le sentiment exact ni des dispositions de la France, ni de la solution qui devait nécessairement s'imposer.

Ainsi je venais d'apprendre chez M. Guizot le courant d'idées qui entraînait l'aristocratie et la bourgeoisie ; j'appris, le lendemain, chez M. Émile de Girardin, les préoccupations des hommes qui, sous la dénomination vague de libéraux socialistes et de libres penseurs, suivaient les sentiers divers de l'utopie.

J'étais arrivé à Paris avec mes quatre volumes de l'*Histoire des causes de la Révolution française*, ainsi qu'avec mon éditeur d'Auch, M. Foix, qui venait placer l'édition tout entière chez les grands libraires Garnier frères, lesquels la prirent sous le patronage de leur puissante maison. Tous les journaux conservateurs m'accueillirent avec la plus flatteuse sympathie, et des chapitres entiers de mon livre parurent dans le *Journal des Débats,* dans la *Gazette de France,* dans l'*Union,* dans l'*Assemblée nationale.* Ma visite à M. de Girardin avait donc pour objet de lui demander l'insertion d'un fragment de mon livre dans la *Presse.* Je ne doutais pas de son accueil, quoique nos relations anciennes et étroites eussent cessé depuis longtemps, après de vives polémiques. Une révolution avait passé sur nos querelles, et, d'ailleurs, M. de Girardin, comme les avocats, met plus d'amour-propre que de colère dans ses luttes. Lorsque j'entrai dans son cabinet, à son hôtel de la rue de Marbeuf, aux Champs-Élysées, notre salut échangé se réduisit à un grand et sincère éclat de rire, résumant notre mutuel étonnement de nous retrouver ensemble.

III

MA VISITE A M. ÉMILE DE GIRARDIN.

Motif de ma visite. — Cordialité de son accueil. — Question qu'il m'adresse, au sujet d'un projet d'organisation de la société. — Coup d'œil sur la jeunesse de M. de Girardin. — Son éducation défectueuse. — Énergie de son caractère. — Il se forme lui-même. — Il est par le travail et la volonté l'ouvrier de sa situation et de sa fortune. — Son activité. — Qualités et défauts de son esprit. — Il a le goût de l'utopie. — Projets divers qu'il a étudiés. — Il a touché à un nombre considérable de questions. — Il a fait les décrets de l'avenir. — Ses idées sur l'union conjugale. — Il la veut libre. — Il m'explique son projet d'organisation de la société. — Son plan de gouvernement. — Sa confiance en lui. — Il est prêt à être premier ministre. — Il est le type la presse idéale, tout en visant à être pratique.

Je n'étais pas encore assis, chez M. de Girardin, qu'il me dit : « Parbleu ! vous arrivez bien à propos. Vous allez m'aider à trouver la solution d'un problème d'organisation de la société sur des bases nouvelles, car vous connaissez la constitution ancienne et nouvelle des communes ». Après quoi, il m'exposa la difficulté qui l'arrêtait; mais le lecteur n'en saisirait pas bien le caractère, si je ne faisais pas précéder cette petite conférence d'un léger et rapide crayon, dessinant les traits principaux de M. de Girardin, considéré comme journaliste.

Lorsqu'il fonda la *Presse*, le 1ᵉʳ juillet 1836, le jour même où M. Dutacq fonda le *Siècle*, M. de Girardin, et j'entends le dire à son éloge, ne savait encore absolument rien, au moins d'une manière sérieuse. Surtout, il ne savait pas écrire, quoiqu'il écrivît incessamment.

La personnalité de M. de Girardin, sa naissance mystérieuse, la question de son âge, de son éducation, ont occupé, depuis trente ans, trop de place dans la chronique du monde, pour qu'on ignore qu'il fut privé, pendant sa jeunesse, de l'instruction classique départie aux hommes parmi lesquels il a presque toujours vécu. Il doit donc à une initiative infatigable et à une indomptable énergie la situation considérable qu'il occupe dans la presse et dans la société. Beaucoup l'ont connu sans fortune assise ; je l'ai vu sans grammaire et presque sans orthographe. Que de fois, dans les débuts de la *Presse*, madame de Girardin et moi, nous avons dû faire des amputations ou mettre des rallonges à ses phrases mal équilibrées !

Avec la conscience de ce qu'il était, et l'ambition de ce qu'il savait pouvoir être, l'écrivain novice accueillait volontiers la révélation des secrets de l'art, sans être néanmoins jamais parvenu à en saisir les délicatesses ou à en pratiquer la grandeur.

M. de Girardin manque totalement de lecture. Les livres l'endorment. Il est friand de brochures, d'articles de journaux, qu'il découpe, de petites statistiques, qu'il collectionne. Pour bibliothèque, il a des casiers ; et dans ses longues polémiques, composées d'ahan, alinéa par alinéa, comme un bûcheron équarrit son arbre copeau par copeau, au lieu du souffle puissant et fécond de la philosophie et de l'histoire, on sent vous monter au visage l'effluve moisie d'hypothèses surannées et banales, emmagasinées de longue date dans des cartons, et comme il s'en exhale des plantes desséchées et décolorées d'un herbier.

Généralement au travail à cinq heures du matin, M. de Girardin a déjà écrit deux ou trois articles, avant que la laitière, le plus matinal de ses fournisseurs, ait réveillé le concierge de son hôtel.

Ainsi isolé de la vie réelle, nageant dans l'éther des utopies, il bâtit des mondes, brasse des systèmes, fomente des passions dans le vide, sans trouver dans le contact d'un être vivant un avis, une objection qui l'avertisse, comme ce bâton de l'aveugle, avec lequel il sonde les murs et trouve les angles des carrefours. Quelqu'un qui, à l'aide d'un narcotique, lui donnerait deux heures de sommeil de plus, ajouterait beaucoup à son talent, en diminuant d'autant l'œuvre mal venue d'une activité fébrile et irréfléchie. Resté fidèle à l'antique plume d'oie, qui obéit mieux que la plume de métal au mouvement précipité des doigts, il va, il va, alignant d'une main infatigable des phrases sèches, habillées avec une écriture raide. Cette activité automatique des doigts le passionne et lui est nécessaire. Il disait dernièrement : « Quand je n'y verrai plus pour écrire, je tricoterai. »

Peut-être M. de Girardin s'abuse-t-il sur sa vue, car on pourrait trouver qu'il tricote déjà depuis longtemps.

Une grande fortune, une liberté d'allures qui s'arrête devant peu de barrières, le goût du tapage inhérent à sa profession, dans laquelle plus d'un aime encore mieux le cri du sifflet que le silence de la fanfare, ont mis et tenu M. de Girardin en évidence. On l'a beaucoup discuté, loué, raillé, envié, comme il arrive à ceux qui occupent, usurpée ou méritée, beaucoup de place dans l'opinion ; et un concert de flatteurs, parmi lesquels on eût trouvé plus d'apprentis que de maîtres, l'a sacré grand pontife du journalisme, comme si l'étoffe d'un tel rôle pouvait se trouver là où manquent le savoir et le style. Mais lui, prenant au sérieux son pontificat, officie avec majesté, morigénant, du haut de ce trône imaginaire où ils l'ont hissé, ces journalistes imprudents, lesquels s'aperçoivent trop tard qu'ils ne peuvent plus l'en faire descendre.

Trois grands faits, publics et éclatants, font chercher, sans qu'on la découvre, l'idée politique, supérieure et générale qui a dirigé M. de Girardin dans sa carrière de journaliste. Aussi impétueux lorsqu'il loue que lorsqu'il dénigre, il a successivement appuyé le grand ministère de M. Guizot, l'établissement de la République de 1848, et l'élection du prince Louis-Napoléon, le 10 décembre. Assurément, M. Guizot, M. le général Cavaignac et le prince Louis-Napoléon n'ont jamais été signalés comme des types d'ingratitude envers les soutiens énergiques de leur politique ; et cependant, tous les trois se virent obligés de frapper sévèrement M. de Girardin. En 1847, M. Guizot le fit traduire devant la Cour des pairs ; en juin 1848, M. le général Cavaignac le fit arrêter et mettre neuf jours au secret ; en 1852, le prince Louis-Napoléon l'exila.

Quelle cause amena ces trois éclatantes sévérités ? Je ne veux pas la rechercher ; mais le moins qu'on puisse dire, c'est qu'il y a dans les convictions de M. de Girardin d'étranges revirements, dans ses amitiés d'étranges intermittences ; ce qui autorise à supposer que ses luttes avec les divers régimes qu'il avait tour à tour préconisés procédaient moins de ce qu'il y a de ferme dans ses principes, que de ce qu'il y a d'intolérable dans ses caprices.

Sans études approfondies, sans savoir réel et solide, M. de Girardin a néanmoins touché à toutes les questions. L'éducation, le gouvernement, la presse, la famille, il a tout abordé, à sa manière, c'est-à-dire au nom de l'utopie. Ainsi, il a inventé et proposé un genre de mariage dans lequel le mari légal est supprimé comme père, et où le *is pater est* du droit romain se traduit de la manière suivante :

Le passant : « Mon petit ami, comment se nomme ton papa ? »

L'enfant : « Monsieur, je ne sais pas ; demandez à maman. »

Cela s'appelle *la liberté dans le mariage par l'égalité des enfants devant la mère*, et a été imprimé en brochure, en 1854. M. de Girardin a également proposé *l'abolition de l'autorité*, par la simplification d'un gouvernement réduit à l'état d'horloge ou de tournebroche ; et comme si la réglementation du présent n'avait pas suffi à sa dévorante activité, il a publié, en 1852, les *Décrets de l'avenir*.

L'ambition avouée et caressée par M. de Girardin,

aussitôt que la fondation et le succès de la *Presse* lui eurent ouvert de nouvelles et larges perspectives, ce fut de s'élever aux grands emplois du gouvernement. Toutefois, ses amis d'alors croyaient lui mesurer équitablement l'avenir, en lui présageant l'honneur d'occuper la direction générale des postes, qui semblait répondre à son activité comme à son goût pour les détails administratifs; mais le sentiment personnel de ses forces le portait plus loin et plus haut. Pour employer prématurément une expression heureuse, imaginée, je crois, et mise plus tard en circulation par M. Clément Duvernois, l'esprit de M. de Girardin faisait grand. Quelques hommes à l'âme ferme, et notamment le maréchal de Castellane, firent faire par avance leur tombeau, où ils se couchèrent pour qu'il eût exactement leur mesure ; M. de Girardin fit dresser par un architecte, non seulement son ministère, mais aussi son gouvernement. Il lui fallait quatre pavillons. Il n'eût pas consenti à gouverner à moins.

Il avait donc imaginé un gouvernement composé de trois ministères, les Recettes, les Dépenses, les Affaires extérieures. Ses amis se souviennent d'avoir vu dans son cabinet le dessin d'un monument à quatre pavillons. Trois logeaient le gouvernement proprement dit. Le quatrième, imposé par la symétrie, afin de régulariser le carré, contenait l'imprimerie royale. De son ministère des Dépenses, M. de Girardin communiquait par des galeries à toutes les autres dépendances de son gouvernement.

Telle était la distribution architecturale de l'organisation politique rêvée par M. de Girardin ; et, de ce rêve, il ne se réveilla jamais complètement. En 1850, il rêvait encore, les yeux ouverts; et des journalistes indiscrets ayant raillé son ambition, il l'avoua et l'exposa naïvement en ces termes, dans la *Presse* du 31 janvier.

« M. de Girardin, dit-il, a fait bien plus encore que d'aspirer aux fonctions de ministre dirigeant : il a eu l'audace de s'y préparer.

« Il serait nommé ce soir ministre dirigeant, que l'exposé de ses idées pourrait paraître tout entier demain au *Moniteur*. Cet exposé est tout prêt; il indique avec précision les moyens d'exécution et les hommes les plus capables d'en assurer le succès.

« M. de Girardin peut avouer hautement son ambition, car son ambition n'est pas une ambition vulgaire ; il aimerait mieux cent fois n'être pas ministre, que de l'être comme le furent MM. Thiers et Guizot, comme l'ont été et le sont MM. Barrot frères. »

La Providence a épargné, il est vrai, à M. de Girardin les périls de la redoutable comparaison qu'il avait acceptée; mais la France n'eût pas ignoré qu'elle possédait un homme politique bien supérieur à M. Odilon Barrot, à M. Guizot et à M. Thiers, si son étoile lui eût ménagé, comme à Sancho, une île de Barataria.

C'est dans un de ces enfantements de mondes nouveaux, familiers à son esprit, que je le trouvai, le 13 avril 1850, au moment où j'entrai dans son cabinet de la rue de Marbeuf, et où il fit appel à mon concours, pour la solution du grave problème qui l'absorbait.

« Je travaille, me dit-il, à la réorganisation de la

France. Pour moi, tout se réduit au budget, et le budget de l'État a pour type le budget de la commune. Je compose donc et je règle les finances d'une commune, en dépenses et en recettes. Mon tableau des dépenses d'une commune, modèle de toutes les autres, est dressé ; je suis occupé à faire le tableau des recettes, et mes efforts n'ont pu encore parvenir à mettre les deux tableaux en équilibre. Il faut que vous m'aidiez à combler le déficit, sans quoi j'exécuterai ma première idée, qui est de parfaire les dépenses communales avec les biens des particuliers. »

Et sur un léger froncement des sourcils dont je ne fus pas maître, il ajouta : « Oui, mon cher, je suis résolu à supprimer, s'il le faut, l'hérédité des patrimoines dans les familles, au profit des communes. Après tout, l'hérédité des biens n'est pas aussi indispensable que l'on se l'imagine. Si vous et moi nous étions nés avec cinquante mille livres de rentes, nous serions restés deux imbéciles ; c'est le besoin de travailler pour vivre qui nous a faits ce que nous sommes. »

— Mais enfin, repris-je en insistant, expliquez-moi donc votre budget des dépenses, et cherchons s'il ne serait pas possible de le réduire, afin de laisser le patrimoine des pères à leurs enfants. Un héritage n'est jamais à dédaigner ; consultez votre fils là-dessus. La misère peut stimuler les natures fortes, mais elle écrase les natures faibles, qui sont en majorité. Voyons, énumérez-moi les dépenses de votre commune.

— Les voici, me répondit-il.

« Il faut d'abord les chemins macadamisés, avec

tant d'épaisseur de gravier, sur tant de largeur de chaussée, pour tant de kilomètres, ce qui, à tant le mètre carré, fait tant...

« Il faut ensuite au moins un trottoir, avec bordure en granit, à tant le mètre courant, mis en place, ce qui fait tant...

« Il faut encore l'éclairage au gaz, avec un candélabre tous les cent mètres, ce qui, à tant le mètre cube de gaz et à tant le candélabre, fait tant...

« Enfin, il faut la crèche pour tant d'enfants à la mamelle, et l'ouvroir pour tant de jeunes filles, deux dépenses qui s'élèvent à tant...

« Le tout additionné s'élève au chiffre énorme de...., chiffre indispensable; et si vous ne me trouvez pas la recette équivalente, je supprime l'hérédité des biens.

M. de Girardin n'a pas de rival en fait de statistique et de chiffres. Il vous dirait sans hésiter combien il y a de seaux d'eau dans la mer. Il m'avait donc fourni le nombre des communes, les kilomètres de chemins, les mètres cubes de gaz, les prix partiels et totaux avec une correction effrayante; couronnant le tout par cette interrogation narquoise : « Eh bien, comment vous y prendrez-vous pour conserver l'hérédité ? »

Après une très courte pause, je lui dis :

— Je crois que je vais rendre un service signalé à l'hérédité des patrimoines, sans qu'elle s'en doute.

« Je prends pour exemple ma commune, qui a huit cents habitants et huit kilomètres de diamètre. Je demeure à côté du maire, et lorsque, par les boues d'hiver, je vais voir l'adjoint, je monte à cheval après mon déjeuner, pour être rentré à l'heure du dîner. Vous pouvez donc supprimer la crèche et la salle d'asile, car il faudrait aux mères de famille la moitié de la journée pour porter leurs enfants, et l'autre moitié pour les emporter, ce qui fait qu'il est inutile de les déranger. Quant aux candélabres, au gaz, aux trottoirs, il ne faut pas y songer ; les deux cents maisons de la commune, presque toutes isolées, placées au centre des patrimoines, à des distances énormes l'une de l'autre, n'ont aucune voie maîtresse qui les relie ; il en est ainsi dans les deux tiers de la France, où les villages sont une exception.

A mesure que je parlais, l'idéal de M. de Girardin, c'est-à-dire la commune des environs de Paris, avec place publique, réverbères, auberge, salle de bal, s'écroulait pièce à pièce ; et lorsque la réalité plaça sous ses yeux les fermes des landes bretonnes, les *mas* du Roussillon, les *bordes* de l'Ariège et des Pyrénées, où l'on fait la provison de pain une fois la semaine, parce que la distance où est le village ne permet pas de la faire tous les jours, le rêve s'évanouit entièrement, et avec lui le plan d'organisation et le fameux budget de la commune, qui devait entraîner la suppression des héritages.

Essentiellement utopiste, et aspirant à l'honneur d'avoir une idée par jour, M. de Girardin ne suit pas toujours le chemin où passe le bon sens ; mais s'il rencontre la vérité par hasard, il ne dédaigne pas de l'accepter pour compagne de route.

Je n'en restai pas moins frappé de cette situation

d'esprit d'un journaliste important, absorbé dans la construction d'une société idéale, lorsque la France disloquée travaillait à la conservation de la vieille société de nos pères. Il complétait et faisait comprendre cette famille des Proudhon, des Pierre Leroux et des Victor Considérant, astrologues qui, faute de regarder la terre, poussent les hommes dans l'abîme, en se perdant eux-mêmes dans le ciel étoilé du possible.

IV

MA VISITE A M. VÉRON.

M. Véron représentait la partie fine, spirituelle, entreprenante de la bourgeoisie de Paris. — Il allie l'esprit d'entreprise au scepticisme, et réussit en tout. — C'est Beaumarchais, moins le style. — M. Mocquard l'avait introduit à l'Élysée. — Il est favorable à la politique du Prince. — Il m'interroge sur l'état des esprits en province. — Il est frappé du tableau que je lui en fais. — Je lui peins l'Assemblée et les anciens partis comme impuissants, et lui montre le prince Louis-Napoléon comme le seul pivot possible de l'autorité politique. — Il adopte mes idées à ce sujet, et me propose de les développer dans le *Constitutionnel*. — J'accepte. — Grande idée qu'il se fait de l'influence de ce travail. — Il me demande le secret. — Je l'intitule LA SOLUTION. — Les six articles de la solution paraissent d'avril à mai. — Leur effet sur l'opinion. — J'accepte d'aller voir le prince Louis-Napoléon, après avoir soutenu sa politique.

A un autre ordre de natures, plus sérieuses et surtout beaucoup plus pratiques, appartenait M. Véron, alors directeur du *Constitutionnel*, que j'allai voir aussi, et pour la même cause: c'est-à-dire pour obtenir l'insertion dans son journal d'un chapitre de mon livre. Le service, obtenu aussitôt que demandé, la conversation devint politique d'elle-même.

Le directeur du *Constitutionnel* n'avait pas, il s'en fallait de beaucoup, la trempe d'esprit de M. Guizot, mais il était, dans sa sphère bourgeoise, éminemment sagace, entreprenant et pratique. Pour alimenter la politique de son journal, il ne regardait pas seulement en lui, comme M. de Girardin ; il regardait surtout autour de lui. Comme esprit d'observation et d'initiative, il m'a toujours représenté Beaumarchais, moins le souffle et le style. Sceptique, sans enthousiasme, mais sans dédain, il écoutait et examinait tout, cherchant si dans les draperies flottantes d'une causerie, il ne trouverait pas caché sous quelque pli un sujet d'article pour son journal. La popularité du prince Louis-Napoléon ne lui avait pas échappé ; il l'appuyait à l'occasion dans le *Constitutionnel*, comme un client dont on pouvait se faire honneur.

M. Mocquard, chef du cabinet du Prince, dont j'aurai beaucoup à parler, et qui, fort répandu dans le monde des journaux, passait sa vie à grouper autour du Président les influences utiles, avait introduit M. Véron à l'Élysée. Il s'en honorait et s'y plaisait ; mais essentiellement Parisien, n'ayant jamais de sa vie passé une journée entière plus loin qu'Enghien ou Palaiseau, les départements étaient pour lui lettres closes. Il me racontait qu'une seule fois, pris subitement de l'idée d'aller à Cauterets, il monta dans une chaise de poste ; mais, arrivé à Bordeaux, la nostalgie du boulevard des Italiens le reprit ; et, regardant sa montre, il donna l'ordre de réatteler dans une heure, et de reprendre la route de Paris, ne se donnant même pas le temps de manger le dîner qu'il avait commandé, et qu'on lui plaça froid dans sa voiture.

Tel était l'homme auquel j'avais à expliquer la province et la politique des paysans.

A son premier mot, qui fut, comme celui de M. Guizot : « Que dit-on en province de la situation, et qu'en pensez-vous ? » je répondis, avec la même fermeté, qu'il n'y avait qu'un nom assez populaire pour attirer énergiquement à lui l'adhésion et la confiance des masses ; que ce nom, c'était celui du prince Louis-Napoléon ; que si l'on ne voulait pas périr d'anémie, au milieu de l'impuissance des partis, il fallait faire du prestige du Président le pivot d'un gouvernement prochain, solide et nécessaire.

M. Véron me regarda de l'air d'un homme dans les ténèbres, qui aperçoit une lueur à l'horizon, sans en bien distinguer la nature. Surpris, mais encore hésitant, il me dit : « Vous croyez ? mais expliquez-moi donc votre idée. »

Alors, voyant devant moi une intelligence ouverte, qui s'offrait à la persuasion avec curiosité et sympathie, j'entrai dans un examen rapide mais complet des forces politiques existantes, auxquelles on pouvait demander le salut de la société. Il y en avait cinq : c'étaient d'abord l'Assemblée législative, ensuite, en dehors de l'Assemblée, le parti républicain, le parti orléaniste, le parti légitimiste, et enfin, le président de la République avec ses adhérents. Reprenant successivement les quatre premières de ces forces, je les analysai l'une après l'autre.

Je montrai l'Assemblée s'annihilant elle-même par ses divisions intérieures, entretenues par l'ambition et les visées personnelles des Thiers, des de Broglie, des Berryer, des Montalembert ; le parti républicain, devenu odieux aux populations par la déconsidération de ses agents et son alliance avec les socialistes ; le parti légitimiste, isolé dans le pays, sans écho dans les populations, raillé pour son petit nombre, suspecté pour ses principes ; le parti orléaniste, n'ayant d'autre base qu'une bourgeoisie ambitieuse, bruyante, timide en face du danger, désormais noyée dans les flots du suffrage universel, et, comme conséquence de cet examen, je fis voir qu'il n'y avait à espérer de ces forces diverses qu'une agitation vaine et une impuissance définitive.

Comme ressource réelle, effective, puissante, unique, j'exposai la situation du Prince. Là se trouvaient réunies, avec une popularité sans exemple, l'unité de vues qui manquait à l'Assemblée ; la confiance du peuple, qui manquait aux républicains ; la base immense et inébranlable du suffrage universel, qui manquait à l'orléanisme ; la démocratie hiérarchisée et autoritaire, qui manquait à la légitimité. Il n'y avait donc pas à hésiter ; il fallait prendre le prince Louis-Napoléon comme phare, le montrer à la société égarée dans la nuit sans lendemain des partis ; demander la prorogation de ses pouvoirs pour dix ans, non avec l'espoir qu'ils seraient accordés par l'Assemblée, mais avec la certitude qu'ils seraient imposés par le pays.

Cette fois, M. Véron avait compris. Son regard s'était animé ; et, me prenant par le bras : « Savez-vous bien, me dit-il, qu'il y a là de beaux articles pour le *Constitutionnel* ? Comptons-les : la Chambre, les républicains, les légitimistes, les orléanistes, le Président. Cela fait cinq ; et, avec les dix ans de prorogation, cela fait six. Voulez-vous les faire ? » — J'acceptai sans hésiter. Il était midi. « Rentrez chez vous, ajouta M. Véron ; allez travailler ; je vous attends, demain matin, à dix heures, avec le premier article. Gardez sur tout cela le silence le plus absolu ; vous ne soupçonnez pas le tapage que cela va faire dans la grenouillère politique. A demain ! »

Je partis donc, pour aller me mettre au travail ; et je rencontrai M. Mocquard, devenu mon compatriote par son mariage avec mademoiselle Gounon, fille d'un grand propriétaire de vignes de l'Armagnac ; homme lettré, esprit fin, causeur charmant. Son premier mot, en me tendant la main, fut : « Apportez-vous la solution ? » tant le sentiment universel était préoccupé d'en trouver une.

Je répondis en souriant : « Peut-être ! »

Quelques mots rapidement échangés convainquirent M. Mocquard que j'étais un allié de la politique présidentielle. Il m'offrit immédiatement de me présenter au Prince. « Non, répondis-je, pas encore. J'ai une grande idée de lui, et je ne veux pas qu'il en ait une trop petite de moi. Je vais travailler pour sa cause ; je désire qu'il me connaisse, avant qu'il me reçoive, et son bon accueil me sera plus flatteur, lorsque je l'aurai mérité. Donc, à plus tard : je vous rappellerai votre offre. »

Nous nous séparâmes ; mais ce court entretien m'avait donné le titre de mes six articles, *la Solution*, mot employé par M. Mocquard, en m'abordant. Le premier parut dans le *Constitutionel* du 14 avril. Les autres suivirent le 16, le 20, le 23; le 1ᵉʳ et le 9 mai.

Ceux qui voudraient chercher dans la presse du mois d'avril et du mois de mai 1850, l'histoire, écrite jour par jour, des luttes politiques de cette époque, assez semblable à celle d'aujourd'hui, y trouveraient la trace profonde de l'étonnement et des colères que suscita la proposition, résolument faite par le *Constitutionnel*, de proroger de dix années les pouvoirs du prince Louis-Napoléon. L'idée comportait en elle-même une telle audace, que M. Véron crut devoir la tempérer par l'invitation faite à l'Assemblée de se proroger elle-même pour le même laps de temps, et il s'excusa le lendemain matin d'avoir glissé subrepticement cet amendement grotesque dans mon article.

Le Prince, arrivé par les paysans et malgré les bourgeois, dont le général Cavaignac personnifiait l'idéal, n'était pas populaire dans le monde des salons. Beaucoup lui reprochaient de porter le costume d'officier général; et un jour qu'il avait passé une revue avec un chapeau orné de plumes, à la manière des Anglais, les reines du jour trouvèrent qu'il n'était pas *à la mode*. A Paris, n'être pas à la mode, c'est grave.

Les journaux de Paris, faits par des écrivains nés ou devenus Parisiens, reflètent en toutes matières, théâtre, littérature, politique, les idées, les préjugés, les ambitions de la capitale. Il n'est donc jamais inutile, pour apprécier le langage d'un journal de Paris, de connaître le meilleur ami, le principal actionnaire, la relation la plus intime de son directeur. Chacun d'eux résume la doctrine et les intérêts d'un parti ; et la presse de 1850 était l'image fidèle des prétentions qui se disputaient le pouvoir au sein de l'Assemblée.

Le Président était alors sans organe sérieux ; et le *Constitutionnel*, en faisant résolument de son nom le pivot de l'édifice politique à reconstruire, était le premier et redoutable écho de la pensée populaire du 10 décembre, que l'orgueil de Paris n'avait jamais voulu admettre ni comprendre.

Toutefois, le coin avait mordu, et la politique des paysans va, pendant deux années, s'enfoncer un peu plus chaque jour dans la politique parlementaire, jusqu'à ce qu'elle vole en éclats.

Le Prince m'avait fait remercier de ma solution, et le moment était venu d'aller lui offrir personnellement mes services. Je reçus une audience, et je me rendis à l'Élysée.

V

MA PREMIÈRE ENTREVUE AVEC LE PRINCE

Mes préoccupations en me rendant à l'Élysée. — Je ne connaissais pas le Prince. Je ne connaissais que ses livres. — Opinions singulières que j'avais entendu exprimer sur lui. — Opinion qu'en avaient M. Odilon Barrot, M. Thiers, M. Changarnier. — Ce que m'en dit M. Véron, au moment où je me rendais auprès de lui. — Première impression que me produit le Prince. — Sa personne, ses manières, sa conversation. — Confiance immédiate qu'il me témoigne. — Il m'explique ses idées et s'ouvre à moi de ses desseins. — Ses idées sur la situation présente et sur les difficultés de son gouvernement. — Il a le sentiment exact de sa force. — Il m'approuve et me remercie. — Il désire que le concours que je lui donne reste concentré entre lui et moi. — Il m'invite à venir causer avec lui. — J'emporte de cette entrevue une impression profonde, et je lui voue un inaltérable attachement.

Je n'étais pas sans préoccupations. Je ne connaissais point le neveu de l'Empereur, et je m'étais néanmoins à peu près irrévocablement engagé pour lui. J'avais lu quelques-uns de ses livres, et je savais à quoi m'en tenir sur l'élévation de son esprit ; mais j'étais obsédé, depuis un mois, par les opinions plus que singulières, que des hommes distingués en exprimaient publiquement.

Que les chefs parlementaires prisassent peu sa politique, ce n'était pas surprenant ; cette politique était le contraire de la leur. Que M. Odilon Barrot, M. Berryer, M. de Broglie méconnussent son prestige, c'était encore naturel ; leur force était dans la parole, la sienne était dans l'action. Mais que des hommes éminemment intelligents, comme M. Thiers, eussent méconnu son intelligence ; que des hommes éminemment braves, comme le général Changarnier, eussent douté de sa bravoure ; mais qu'au moment même où je me rendais auprès de lui, M. Véron, qui l'avait vu souvent et qui avait mangé à sa table, M. Véron, un esprit si fin, si pénétrant, si bien fait pour saisir l'esprit des autres, me le dépeignit comme un viveur vulgaire, déjà épuisé, aussi peu ménager de sa santé que de son avenir, cela me jetait dans des perplexités étranges. « Vous allez à l'Élysée, me dit-il, vous verrez une fichue bête ; il bâille, il bâille, et ne vous dit rien, énervé qu'il est par la fatigue de sa digestion et de sa nuit ; mais son prestige durera bien les années qu'il nous faut pour nous retourner. »

Je luttais intérieurement contre ces impressions qui m'envahissaient, et dont la réalité des choses ne tarda pas à me guérir.

Lorsque le Prince vint à moi, en me tendant la main, je fus d'abord frappé de sa stature relativement petite, mais fine, et qu'on sentait robuste, malgré le léger balancement que la marche lui imprimait. Le teint légèrement bronzé, et propre aux Bonaparte, me rappela la figure du Premier Consul, travaillant dans son cabinet, dans le tableau de Gérard. Son regard, doux, un peu voilé, était tour à tour vif et caressant, et sa voix, un peu métallique, martelait les sons avec netteté et avec énergie.

Après m'avoir désigné un siège, il me remercia de mes sentiments pour sa personne et de mes efforts pour sa cause; et aussitôt, il engagea de lui-même une conversation sur l'état des esprits en province, comparé à l'état des esprits dans l'Assemblée.

Alors j'eus l'explication des perplexités qui avaient assailli mon esprit. Le Prince avait en face de lui un homme qui comprenait, pour en avoir vu les effets, la force de son nom, et qui parlait la langue de ses sentiments et de ses idées. En outre, cet homme venait de lui donner les témoignages les moins équivoques d'un dévouement spontané, et par conséquent il était digne de sa confiance. Il la lui donna donc aussitôt, sans hésiter, et il s'ouvrit à lui comme à un fidèle collaborateur, dans la mesure de ce qu'il pouvait lui faire connaître ou lui laisser deviner de ses desseins et de ses espérances.

« Vous jugez exactement comme moi, me dit-il, les sentiments des populations rurales. En me portant au pouvoir, elles ont voulu faire prévaloir les idées que représente mon nom. Le peuple, qui se préoccupe peu de la Constitution, a entendu faire un président plus grand que la présidence ; et ce qui me revient de divers côtés me prouve même que beaucoup ont cru me nommer empereur, s'imaginent que je le suis, et se demandent pourquoi je n'en prends pas le titre.

« Vous m'avez parlé d'un vieillard de votre commune qui, me prenant pour mon oncle, vous a chargé de me remercier d'avoir fait rouvrir l'église, où, à l'âge de sept ans, il alla se faire baptiser. Il n'est pas le seul qui ait fait entrer ainsi les membres de la famille impériale dans la légende de son chef. L'Empereur est consolé des souffrances et des outrages accumulés sur ses dernières années par la poétique et pieuse admiration attachée à sa mémoire. Quelle différence pour l'éclat de son nom, si, au lieu de mourir sur son rocher, au bout du monde, il s'était éteint aux Tuileries, après une partie de whist !

« Son souvenir, qui est la meilleure partie de mon pouvoir, est une force pour l'accomplissement de ma tâche; mais, d'un autre côté, son nom ajoute à mes devoirs, et limite la sphère où je puis chercher des collaborateurs.

« Si j'étais arrivé au pouvoir en 1830, j'aurais trouvé presque entière et prête à me servir la génération des hommes éminents de l'Empire. En 1848, ces hommes étaient morts ou compromis avec la cause du roi Louis-Philippe. J'ai donc eu une extrême difficulté à gouverner.

« Sur qui pouvais-je m'appuyer ?

« Sur les orléanistes ? Un gouvernement et une dynastie venaient de périr dans leurs mains. Ils n'inspirent à la France actuelle aucune confiance.

« Sur les partisans de la maison de Bourbon ? A tort ou à raison, la France s'en défie. Ils représentent un ordre de choses contre lequel la révolution de 1789 s'est faite. Ils sont impopulaires.

« Sur ceux qui ont fait la révolution de Février, ou qui s'en sont emparés ? L'opinion publique imputait à leur ambition et à leur incapacité les désordres de la France. Cependant, je les aurais certainement pris, s'ils avaient été des hommes éminents.

« En somme, j'ai été forcé de prendre, en 1848, des

hommes sur le mérite et les talents desquels je ne m'abusais pas, et de gouverner avec l'ancien parti parlementaire, sans croire à son efficacité. »

Ici, le Prince ayant fait une pause, je rentrai dans la conversation : « Monseigneur, lui dis-je, croyez-vous pratique la voie que je viens d'ouvrir dans le *Constitutionnel*, et trouveriez-vous expédient d'y associer vos ministres ou du moins de pressentir leurs dispositions à y marcher avec moi?

« — Non, me répondit-il ; tenons-nous-en à une entente entre nous. Vous êtes dans le vrai, en vous associant au vœu des populations, qui voient leur sécurité dans le retour à des institutions fortes ; mais, dans la pensée du peuple, ces institutions ont un nom : elles s'appellent l'Empire. Mes ministres m'y suivront, mais ils ne m'y mèneraient pas ; ils ont, d'ailleurs, à compter avec l'Assemblée, qui nous barrerait le chemin.

« Pénétré de la force de mon principe et de l'étendue de ma mission, je veux user de la première avec modération, et accomplir la seconde avec patience. Certain d'arriver, je ne suis pas pressé de partir, et je n'entends marcher qu'au pas de la France. Mon but a été le rétablissement de l'ordre, la défaite de la démagogie, le retour à une autorité libre et forte qui permette les progrès possibles et les libertés désirables ; ce but, je l'atteindrai avec l'Assemblée, si c'est possible, avec le concours du pays, si je suis contraint d'y recourir. Tous les titres me sont bons, pour opérer le bien de la France, que je poursuis, et je suis plus ambitieux des grandes choses que des grands pouvoirs. Il dépend de l'Assemblée de ne me laisser que jusqu'à leur terme légal ceux dont je suis investi ; mais quoi qu'il arrive, je n'en recevrai d'autres qu'au gré et des mains du peuple. »

Le Prince se dévoila ainsi tout entier, avec la netteté de son esprit, la droiture de son âme, la douceur de son caractère. Son parler était lent, calme, d'une grande précision ; et quand sa phrase ne rendait pas son idée avec la clarté et le relief qui caractérisent son style, il aimait à la reprendre et à la jeter dans un moule nouveau et familier. Nul n'écoutait avec cette patience, qui est une politesse, et n'accueillait l'objection avec cette déférence, qui est une invitation à la produire. On se trouvait à la fois surpris et charmé au contact d'un tel homme qui se laissait ainsi manier ; mais ce contact aimable et doux était celui d'un fourreau de velours, dans lequel on sentait une redoutable épée.

C'est dans le sens de ces idées et dans les limites de cette ambition que le Prince me demanda la continuation de mon concours. Je savais assez de ses desseins pour les seconder désormais sans guide ; mais, en prenant congé de lui, je n'en fus pas moins invité à recourir, en toute occasion, à ses conseils et à sa confiance.

Je sortis de cette audience profondément ému et conquis pour toujours. Elle commença la série de ces relations de vingt ans, que la mort seule pouvait interrompre. Elles furent le plus grand charme, comme elles resteront le plus grand honneur de ma vie.

Le soir même, en revoyant M. Véron, je ne lui dis pas que le Prince n'avait pas bâillé.

VI

MON ENTRÉE AU CONSTITUTIONNEL

Changement que mes articles apportaient dans la ligne politique du journal. — Oscillations mystérieuses de sa direction. — M. Véron me propose d'entrer au journal. — J'accepte. — J'y travaille, mais je ne le dirige pas. — M. Boilay est son rédacteur en chef. — Caractère de M. Véron. — Ses amis. — Roqueplan et Malitourne. — Ils appuient ma politique. — J'apprends que M. Thiers était, moyennant cent mille francs qu'il avait versés, le patron politique du *Constitutionnel*. — M. Véron rend l'argent et reprend sa liberté. — Il m'abandonne la politique du journal, qui, dès ce moment, soutient hautement la politique de l'Élysée.

A partir de ma visite à l'Élysée, mon œuvre politique était tracée d'avance. Il me fallait gagner complètement et définitivement M. Véron et son journal à la cause du 10 décembre. Sans doute, les articles publiés sous le titre de *la Solution* avaient fait grand bruit, et, avec les mœurs d'*impressario* qui ne le quittèrent jamais complètement, M. Véron n'était pas sans un goût assez vif pour l'ordre d'idées qui lui avait valu un succès bruyant; mais il restait à livrer de bien autres batailles; une modification aussi radicale dans la politique du

Constitutionnel devait amener, si elle était maintenue, un certain trouble dans les relations de son directeur. Beaucoup de gens, pour vivre sans luttes dans le monde, changent leurs opinions, n'ayant pas le courage de changer leurs amitiés, et c'était une question de savoir si M. Véron, habitué à l'approbation des gens qui composaient sa société ordinaire, serait assez convaincu ou assez hardi pour ne pas s'inquiéter de leur blâme. Je n'étais donc pas sans préoccupation au sujet du but que je me proposais; mais j'en aurais eu de bien plus grandes encore, si j'avais connu certains engagements de M. Véron, que j'ignorais alors.

D'un autre côté, avant d'assurer le journal à la cause du Prince, il fallait en être, et je n'avais été engagé que pour une campagne qui était finie. Cette difficulté fut d'ailleurs bientôt levée : « Vous trouvez-vous bien au journal? me dit M. Véron, après la publication de mes six articles. » Et, sur mon affirmation, il ajouta : « Dans ce cas, restons ensemble. » Nous ne fîmes pas d'autres conventions.

L'ancien *impressario* reprenant le dessus, M. Véron me traça mon rôle. « Autrefois, dit-il, les anciens abonnés de l'Opéra n'auraient pas mieux demandé que d'entendre Duprez chanter tous les soirs. Les abonnés du *Constitutionnel* s'accommoderaient aussi volontiers de vos articles chaque matin ; mais je vous tiens en réserve, comme Duponchel y tenait Duprez, et vous donnerez les jours de bataille comme il donnait les jours de recette. »

Mon entrée au *Constitutionnel* ne modifiait donc pas l'organisation du journal, dont la rédaction en chef restait aux mains de **M.** Boilay. Ainsi j'étais dans la place, mais je ne la commandais pas.

De ses anciennes habitudes de directeur de l'Opéra, **M.** Véron avait conservé le goût d'une société nombreuse, variée, diversement spirituelle, et dont la principale fonction était d'être gaie. S'ennuyer était la seule chose à laquelle il lui fût absolument impossible de s'astreindre, même par devoir. Il avait un frère, d'attitude un peu lugubre : il lui faisait du bien, mais il ne le voyait presque pas.

Dans cette société, deux hommes pouvaient me seconder, par l'influence que l'esprit exerçait toujours sur M. Véron, et ces deux hommes en avaient beaucoup, chacun d'une espèce différente : c'étaient Nestor Roqueplan et Malitourne. Il étaient pour moi deux vieux amis. Roqueplan avait autant de bon sens qu'Alphonse Karr, avec plus de variété dans l'humour et plus de finesse dans le rire. Malitourne était un revolver chargé de bons mots, avec un goût de lettré correct, que M. Villemain ne dépassait pas. Je leur dus beaucoup à tous deux par l'influence différente qu'ils exerçaient sur M. Véron. Roqueplan m'aidait par ses opinions, qui étaient bonapartistes, Malitourne par sa délicatesse d'écrivain consommé, qu'il se plaignait de ne pas trouver dans mes collaborateurs ; et comme, chez ces deux hommes, la raison s'alliait à l'intelligence la plus délicate, leurs conseils, agissant peu à peu sur mon directeur, me plaçaient chaque jour un peu plus le *Constitutionnel* dans la main.

Cependant, je sentais entre l'ancienne direction et la

nouvelle, une lutte sourde, dont je ne démêlais pas encore la cause ou le but. J'avais beau pousser la politique du journal vers l'Élysée ; une oscillation insensible, imprimée par M. Boilay, la ramenait sans bruit vers l'hôtel déjà légendaire de la place Saint-Gorges. Enfin, M. Véron me révéla un jour le secret. La politique du *Constitutionnel* appartenait à M. Thiers qui, le 28 novembre 1846, avait mis, pour l'avoir, cent mille francs dans la caisse du journal. Cette découverte était grave.

L'alliance de M. Véron et de M. Thiers était donc antérieure à la révolution de Février. M. Véron, commandité par le vieux et opulent marquis de Las Marimas, avait augmenté le capital et pris la direction du *Constitutionnel*. A cette époque, c'était l'usage des journaux d'avoir un patron. M. Thiers fut celui du *Constitutionnel* ; mais il avait, comme je viens de le dire, acheté l'influence attachée à ce patronage, par une commandite de cent mille francs, dont il avait fait les fonds avec le concours de quelques-uns de ses amis. M. Véron m'expliqua que tant que le journal conserverait les cent mille francs versés par M. Thiers, il était loyalement tenu de conserver aussi sa politique ; mais M. Véron s'était réservé la faculté de reprendre sa liberté en rendant l'argent.

Il était difficile de ne pas reconnaître que la politique de l'Élysée, nettement inaugurée par moi dans le journal, constituait un coup de canif donné au contrat. M. Thiers, qui avait le sentiment de son droit, se trouva lésé ; M. Véron, qui avait le sentiment de son devoir, se trouvait gêné. Un article du *Constitutionnel*, approbatif du célèbre Message du 31 octobre 1849, fut blâmé par M. Thiers. Après quelques jours de lutte entre la fierté et l'intérêt, la fierté l'emporta. Les cent mille francs furent rendus le 15 novembre 1850.

Exalté par le sentiment de sa liberté reconquise et jeté un instant hors des limites de son urbanité habituelle envers ses collaborateurs, M. Véron se tourna vers moi, en présence de M. Boilay et de M. Boniface, les deux colonnes du journal, et s'écria : « Cassagnac, le *Constitutionnel* est dans la boue (il fut plus brutal encore); vous avez carte blanche, tirez-l'en dès ce moment. » Je ne me le fis pas dire deux fois, et, le lendemain matin, le *Constitutionnel* rompit pour toujours avec la politique aux cent mille francs.

VII

POLITIQUE DU PRINCE

Le Prince voulait s'en tenir à la Constitution. — Sa déclaration formelle à ce sujet. — Il ne songea ni en 1849, ni en 1850, à un coup d'État. — Les conspirations contre sa personne l'y obligèrent en 1851. — Conversation à Biarritz. — Difficultés que le Prince trouve dans le personnel politique. — M. Thiers lui propose de couper ses moustaches, pour mieux gouverner. — Il lui fait un projet de manifeste. — Ce projet est écarté. — Causes du mécontentement des hommes politiques. — Ils s'aperçoivent, avec dépit, qu'ils ne gouvernent pas le Prince. — Surprise que son intelligence cause à M. Odilon Barrot. — Il se moquait à la dérobée, avec M. Dufaure, du Prince dont ils étaient les ministres.

C'est ici le moment d'expliquer, dans toute sa sincérité et dans toute sa loyauté, et telle que je l'ai connue, la pensée politique qui guidait alors le prince Louis-Napoléon.

Ce n'est que vers la fin de mai 1850, j'ai déjà eu l'occasion de le dire, que j'eus l'honneur d'entrer en relations directes avec le Prince. Ce qu'il pensa, ce qu'il fit, depuis le 10 décembre 1848 jusqu'alors, je ne le sus que par la presse, par les bruits publics ou par les confidences qu'il crut utile de me faire, en vue de me mettre en situation de mieux défendre sa cause; mais j'affirme, et je le prouverai, que ni pendant l'année 1849, ni pendant l'année 1850, sa pensée ne se porta jamais vers un coup d'État. Ce n'est que vers le millieu de l'année 1851, lorsqu'il eut lui-même à se prémunir contre des entreprises violentes, contre des conspirations tramées aux Tuileries par M. Thiers, par M. de Lamoricière, par M. le général Changarnier, qu'il entrevit et qu'il accepta la nécessité d'opérer de haute lutte la révision de la Constitution, dont il se contentait, révision que la France entière sollicitait, et que les groupes parlementaires s'obstinèrent à refuser, par la crainte de ne point la voir tourner à leur profit.

J'ai été, pendant deux années, le confident et le coopérateur de deux sentiments qui n'ont jamais cessé d'animer le prince Louis-Napoléon : le premier, c'était la certitude morale, passée à l'état de dogme, d'être un jour empereur ; le second, c'était la résolution profonde, énergique, de ne monter sur le trône qu'appelé par le vœu formel de la France, et après y avoir été porté par le libre suffrage du peuple.

Quant au coup d'État du 2 décembre, il l'a subi, non désiré ; et il lui a été imposé par les circonstances, après lui avoir été proposé par des hommes considérables, dont je dirai les noms, et dont je citerai les opinions, en précisant les circonstances dans lesquelles ils les exposèrent.

Mais, qu'on ne l'oublie pas, ni en 1849 ni en 1850, la pensée du prince Louis-Napoléon ne se dirigea jamais vers un coup d'État ; il était trop convaincu d'arriver au pouvoir suprême par le vœu populaire pour songer à s'y pousser par la force.

Il y a même plus : pendant les années 1849 et 1850, les chefs des partis rivaux, les Thiers, les Molé, les Berryer, les Changarnier et beaucoup d'autres avaient, et ne le dissimulaient pas, de la valeur intellectuelle du Prince une opinion qui ne différait pas beaucoup du dédain. Je consignerai ici quelques anecdotes parfaitement authentiques, et qui montreront l'idée peu flatteuse que les hommes politiques les plus considérables avaient des talents du président de la République.

Peu de temps après la proclamation de l'Empire, j'eus l'idée d'écrire l'histoire de son rétablissement, qui a paru chez Plon, en deux volumes, sous le titre : *Histoire de la Chute du Roi Louis-Philippe, de la République de 1848 et du Rétablissement de l'Empire*. Je sollicitai, par une lettre, l'agrément de l'Empereur, qui me fit répondre par M. Mocquard le billet suivant :

« Mon cher ami, prenez la plume. Les documents ne vous manqueront pas. »

La préparation de mon histoire exigea beaucoup d'éclaircissements, que l'Empereur eut la bonté de me donner.

Un jour, il m'avait invité à l'accompagner dans une allée du petit parc de Biarritz, au bord de la mer. Il me rappelait de nouveau les difficultés qu'il avait eues à vaincre pour le choix du personnel de son gouvernement : « Si, au lieu d'arriver en 1848, me disait-il, j'étais arrivé en 1830, j'aurais trouvé un grand nombre d'anciens serviteurs de mon oncle, qui avaient la tradition impériale ; au lieu d'hommes familiarisés avec mon principe, j'ai été obligé d'employer des orléanistes, des légitimistes et même des républicains, c'est-à-dire des hommes prévenus contre ma politique, ne la comprenant pas, et qui, en acceptant d'être mes ministres, restaient presque mes rivaux. J'ai eu même au commencement beaucoup de ministres qui étaient au fond mes adversaires, et qui, d'ailleurs, me prenaient à peu près pour un imbécile. Tenez, vous ne croiriez pas qu'une des raisons qui mirent Thiers et Molé contre moi, c'est que je leur avais refusé de couper mes moustaches. »

Et sur une exclamation et un éclat de rire dont je n'avais pas été le maître, l'Empereur reprit :

« C'était quelque temps avant le 10 décembre. Ayant, il y avait quelques jours, accepté un dîner chez Molé, Thiers voulut m'avoir aussi. J'acceptai, et le jour fut fixé : « Nous serons en petit comité, me dit Thiers. Ve« nez un peu avant l'heure ; nous monterons dans mon « cabinet, Molé y sera, et nous causerons des circon« stances actuelles. »

« Je me rendis à l'heure convenue ; nous montâmes tous les trois dans le cabinet de M. Thiers, placé, comme vous savez sans doute, au haut de la maison. Thiers prit le côté droit de la cheminée, Molé le côté gauche, et je me vois encore au milieu, attendant les graves ouvertures que deux personnages aussi considérables ne pouvaient pas manquer de me faire.

« Thiers prit la parole. Il fit un tableau de la société moderne, et s'attacha à établir que l'élément civil y dominait, et même la caractérisait essentiellement. Passant du caractère de la société à celui que le pouvoir était tenu d'adopter, pour être en harmonie avec elle, il émit l'opinion que ce pouvoir devait répudier toute habitude et même toute tenue militaire : « Vous allez, continua-t-il, très certainement être élevé à la présidence de la République. Eh bien! pour répondre à l'état et aux tendances de la société actuelle, Molé et moi nous estimons que vous devez couper vos moustaches. Si lui ou moi nous étions nommés président, nous n'en porterions pas. »

L'Empereur, qui aimait à rire, et qui riait bruyamment, éclata en achevant son récit, ajoutant qu'un des grands efforts de sa vie avait été celui par lequel il s'était contenu, lorsque deux hommes politiques aussi graves, qui l'avaient invité à une conférence, rattachaient à une paire de moustaches, maintenues ou rasées, l'avenir du grand pouvoir que la France allait probablement lui conférer.

Je pris moi-même la liberté de m'associer à la gaieté qu'une pareille historiette devait naturellement inspirer, et je demandai à l'Empereur la permission de la raconter au besoin. L'Empereur hésita quelques instants, à cause du ridicule qu'un conseil de ce genre pouvait jeter sur ses auteurs; car, dans ses entretiens les plus intimes, l'Empereur se montrait soigneux de ne jamais parler de quelqu'un d'une manière blessante.

« Je me sentais excusable, ajoutait l'Empereur, de ne pas suivre ce conseil, que je n'avais pas demandé; mais il y en eut un autre, que je ne suivis pas davantage, après l'avoir provoqué, et je ne suis pas bien certain que Thiers ne m'en ait pas gardé une assez vive rancune.

« C'était quelques jours après le dîner et l'histoire des moustaches. L'élection du 10 décembre approchait. J'avais parlé à Thiers du dessein que j'avais, en produisant ma candidature à la présidence, d'adresser une sorte de manifeste à la nation, où j'exposerais ma politique, et je lui demandai d'y penser de son côté, pendant que j'y penserais du mien. Mes amis particuliers et moi, Conti, Abbattucci, Casabianca, Vieillard, Chabrier et quelques autres, nous nous réunissions chez mon oncle, le roi Jérôme, rue d'Alger.

« A la fin de novembre, je convoquai le comité, pour lui soumettre deux projets de manifeste que j'avais apportés.

« Le premier, très développé, soigné de style, redondant, un peu pompeux, eut un grand succès. On me demanda le second, pour avoir un terme de comparaison. Je le lus, il était plus court, plus simple, plus net, mais basé sur les principes qui avaient été mis en pratique par le Premier Consul, et écrit d'un style moins orné.

« Il eut un succès encore plus grand que le premier, et le comité fut unanime à lui donner la préférence.

« Je dus alors déclarer à mes amis la difficulté qu'ils me créaient par leur choix. Le premier manifeste était de M. Thiers; le second était de moi.

« Le nom de Thiers impressionna quelques personnes, et l'on proposa de conserver sa rédaction en y faisant quelques changements; les autres tinrent bon; leur sentiment prévalut, et mon projet fut conservé, sans qu'il y fût changé un seul mot.

« Il fallut bien faire connaître à Thiers que son projet de manifeste avait été écarté ; et, encore une fois, je ne suis pas bien sûr que, malgré les précautions prises pour panser la blessure de son amour-propre, il ne soit pas resté très mécontent de moi. »

L'Empereur ne disait pas assez vrai. M. Thiers recevait à la fois deux blessures. La première était celle que venait de subir son juste orgueil de lettré ; la seconde venait de l'atteinte portée à son influence dans l'avenir, par la révélation d'une vigueur et d'une originalité d'esprit qu'il n'avait pas soupçonnées chez le Prince. Plusieurs des personnes qui étaient dans le secret de cette lecture, m'ont souvent dit que la déconvenue et le dépit de M. Thiers avaient été extrêmes, parce qu'il venait de s'assurer une seconde fois par lui-même qu'il n'exercerait aucune influence sur le président de la République.

Et cependant, l'appui réel, quoique non ostensible, que donnaient à sa candidature M. Molé, M. Thiers, M. Berryer, M. de Montalembert, avait pour cause l'espérance, alors assez plausible, de ces hommes politiques de diriger le gouvernement d'un prince populaire, mais inexpérimenté.

Je dois ajouter que l'opinion défavorable aux facultés du Prince, répandue parmi les hommes politiques, resta accréditée dans beaucoup de salons jusqu'à l'époque où, déjà en possession du pouvoir, il fit éclater sa haute intelligence et ses rares qualités d'écrivain, dans les admirables discours que, durant ses visites aux départements pendant l'été de 1850, il prononça à Lyon et à Strasbourg.

La Restauration et le gouvernement de juillet avaient habitué les esprits à des harangues prononcées dans les Chambres par le souverain, mais composées par le conseil des ministres. Le talent réuni au pouvoir paraissait comme une superfétation toute nouvelle, et qui ne semblait pas naturelle. Le Prince savait ce qu'on pensait de lui, et il en riait volontiers, à ses heures. Un jour, à l'Élysée, après la lecture d'un petit travail qu'il avait désiré, il se mit à sourire en me regardant : « Savez-vous ce qu'on dit de nous? me demanda-t-il. — Et quoi donc? Prince. — On dit que vous êtes mon teinturier. — Eh bien! Prince, cela prouve que ceux qui pensent ainsi ne se connaissent pas en teinture. » En langage familier de journalisme, un *teinturier* est celui qui arrange ou qui fait les articles ou les livres d'un autre.

L'Empereur eut successivement près de sa personne deux gourmets de premier ordre en fait de style, M. Mocquard et M. Conti, surtout le premier. Je crois qu'à nous trois nous avons été ceux qui purent étudier de plus près sa valeur comme écrivain. Nous avons toujours été d'accord pour reconnaître que lorsqu'il prenait le temps nécessaire pour faire sa phrase, l'Empereur la jetait dans un moule dont personne n'eût été en état de surpasser la noblesse et la fermeté. L'Empereur était inaccessible au plus léger sentiment de vanité, mais il se connaissait, et il savait que je lui rendais justice.

Mais, je dois le répéter, ce n'est qu'à partir de ses voyages à Lyon, en Alsace et en Normandie que le

Prince eut occasion de convaincre le public de ses éminentes facultés. M. Odilon Barrot, qui fut son premier ministre, du 20 décembre 1848 au 30 octobre 1849, raconte dans ses *Mémoires* que l'Empereur développa plus tard *des capacités alors ignorées;* mais il le considérait alors comme un enfant, dont il se moquait avec ses collègues ; et le général Changarnier, un esprit pourtant si réfléchi et si fin, le traitait, comme on verra, de *Thomas Diafoirus* en plein conseil des ministres.

M. Odilon Barrot, un homme pourvu néanmoins de facultés qui n'étaient pas communes, mais qui n'estimait, en politique, que l'art de parler indéfiniment à la tribune, fut longtemps à revenir des idées qu'il s'était faites du Prince, lequel écoutait beaucoup, mais parlait peu. Il le railla encore dans ses *Mémoires*, écrits sous l'Empire, des pantalons *à bandes rouges* qu'il portait quelquefois, même au conseil. « Toutes les fois, dit-il, qu'il paraissait au conseil avec son pantalon à bandes rouges, nous échangions, mes collègues et moi, un sourire d'intelligence » ; et se plaignant, comme on dit, de ce que la mariée était trop belle, il ajoute en gémissant : « Malheureusement, il avait bien fallu prendre la force que le nom de Napoléon et les cinq millions de suffrages accordés à ce nom nous apportaient. » Parmi les collègues de M. Odilon Barrot, qui riaient des pantalons à bandes rouges du Prince, et qui s'estimaient malheureux d'accepter les forces que l'influence de son nom leur donnait, se trouvait M. Dufaure. Depuis la chute de l'Empire, M. Dufaure est redevenu ministre; mais je ne crois pas qu'il se soit jamais plaint d'être trop fort.

VIII

DÉDAIN DES HOMMES POLITIQUES POUR LE PRINCE. ATTENTION DU PEUPLE POUR LUI

Le général Changarnier traite le Prince de *Thomas Diafoirus* en plein conseil. — Surprise et chagrin de M. Odilon Barrot, en voyant éclater sa popularité. — Affection du peuple pour lui. — Le rempailleur de Saint-Cloud. — Le cordonnier de Bélesta. — Je me charge de remettre au Prince les bottes qu'il avait faites pour lui. — La lettre de M. Mocquard au cordonnier. — Le Prince et les commères du faubourg Saint-Antoine.

L'erreur du général Changarnier sur le Prince alla encore plus loin que celle de tous les autres, car il douta à la fois de son intelligence et de son courage. C'était vers le 15 mai 1850. Les sociétés secrètes, contenues par l'énergique répression infligée, le 13 juin précédent, à Ledru-Rollin et aux complices de son insurrection, s'étaient de nouveau réorganisées dans le Midi, sous le nom de *Jeune Montagne*. Elles avaient choisi, pour occasion d'une nouvelle prise d'armes, la loi dite plus tard du 31 mai, destinée à réduire d'environ trois millions le suffrage universel, et fixé l'insurrection au 18 mai, jour où le rapport de la loi, fait par M. Léon Faucher, devait être porté à la tribune. Le gouvernement était très exactement informé de la conspiration, et l'arrestation des chefs ainsi que la saisie des papiers, opérée à Béziers le 26, vinrent justifier les mesures qu'il avait prises. La levée de boucliers était sérieusement organisée, et le réquisitoire du capitaine Merle, prononcé le 26 août devant le conseil de guerre de Lyon, ne laissa aucun doute sur sa gravité.

C'était en vue d'arrêter définitivement les mesures à prendre pour vaincre l'émeute, prévue à Paris pour le 18 mai, que le conseil des ministres se réunit à l'Élysée vers le 15. C'était le cabinet formé le 31 octobre précédent, à la place de celui qu'avait présidé M. Odilon Barrot. Dans ce nouveau cabinet figuraient M. Baroche, M. Rouher, M. Fould, M. le général d'Hautpoul, M. Dumas. M. le général Changarnier, qui avait le double commandement de l'armée de Paris et de la garde nationale, y avait naturellement été appelé.

Invité à faire connaître les moyens qu'il avait préparés pour la défense de Paris, le général Changarnier refusa de s'expliquer, alléguant qu'un général en chef ne doit jamais divulguer ses plans à l'avance. Il ajouta qu'en prévision du cas où il viendrait à être tué ou mis hors de combat, il laisserait un pli cacheté contenant ses dispositions militaires.

Cette réserve parut un peu exagérée, et M. le général d'Hautpoul, ministre de la guerre, proposa d'étudier sur-le-champ les points stratégiques de Paris, et d'arrêter un mode de défense. Cette étude exigeait un plan de Paris. Il n'y en avait pas sur la table du conseil, et le

Prince se leva pour aller en chercher un dans son cabinet. Le Prince était à peine sorti de la salle du conseil, que le général Changarnier, se soulevant un peu dans son fauteuil, les mains appuyées sur la table, et regardant les ministres, leur dit à demi-voix : « Ah çà ! messieurs, j'espère bien que s'il y a émeute, ce n'est pas dans l'intérêt de ce Thomas Diafoirus que nous la combattrons ! »

Un silence glacial accueillit ces paroles. Elles étaient la révélation, également imprudente et inconvenante, de desseins qui éclateront bientôt ; et elles seront suivies d'événements qui prouveront à quel point la clairvoyance du commandant de Paris s'était abusée.

Les détails de cette scène me furent racontés en détail, d'abord par M. le général d'Hautpoul, brave et loyale nature, un peu mon compatriote, et plus tard par M. Rouher.

Le cabinet, pour éviter un froissement alors inopportun, crut devoir laisser ignorer au Prince cette grave révélation des sentiments du général Changarnier, jusqu'au retour de son voyage. Elle n'altéra, à aucun degré, l'esprit de justice qui l'animait. Le Prince avait une grande estime pour les talents militaires du général, et même une sincère amitié pour sa personne. C'est avec un sensible regret qu'un peu plus tard il se *sépara* de lui ; et longtemps après, lorsque les événements les eurent éloignés l'un de l'autre, il se plaisait encore à parler de leurs bons rapports d'autrefois, et des desseins qu'il avait fondés sur son concours. Je rapporterai plus loin une preuve qui m'est personnelle de l'idée haute et affectueuse que l'Empereur avait conservée du général, et des regrets que lui laissa leur séparation.

De son côté, le général ne sut malheureusement ni maîtriser le sentiment de rivalité qu'il nourrissait, ni se guérir de l'aveuglement qui lui voilait les qualités du Prince. Même un an plus tard, il continuait à croire à son propre prestige et à ne pas croire à celui du Président ; et, le 3 juin 1851, obsédé et comme provoqué par les ovations que les populations venaient de lui prodiguer, il s'érigeait en lord protecteur de l'Assemblée, et s'écriait à la tribune : « On n'entraînerait contre l'Assemblée ni un bataillon, ni une compagnie, ni une escouade ; et l'on trouverait devant soi les chefs que nos soldats sont accoutumés à suivre sur le chemin du devoir. Mandataires de la France, délibérez en paix. »

Ainsi, et il est essentiel de le constater, le prince Louis-Napoléon, qui avait le sentiment de sa popularité et de sa force, s'il ne cessa pas un seul jour de croire à son élévation future, ne songea pas non plus un seul jour, pendant deux années, à devancer l'heure où s'accomplirait sa destinée. Il sentait, comme tous ceux que la passion n'aveuglait pas, se former dans l'atmosphère politique un courant qui portait rapidement et irrésistiblement les esprits vers le rétablissement d'une monarchie forte. Il était même persuadé que la pression de l'opinion publique finirait par vaincre la résistance dont la lettre de la Constitution armait les partis rivaux, et ce fut là le seul point sur lequel il se trompa. Patriote, son tort fut de croire au patriotisme d'autrui ; mais, pendant les deux premières années de sa présidence, jamais la pensée ne lui vint de précipiter les événements par un coup d'État, et les hommes importants de l'Assemblée, qui auraient pu le redouter, ne l'en croyaient même pas capable.

La France conspirait trop ouvertement pour lui, pour qu'il eût besoin de conspirer lui-même, et il avait incessamment sous les yeux les témoignages ardents et réitérés de l'affection publique.

Déjà considérable à l'époque où il fut nommé député à l'Assemblée constituante par plusieurs départements, la popularité du Prince avait débordé depuis son élévation à la présidence. Cela désolait M. Odilon Barrot, préoccupé de contenir l'essor de cet aiglon, éclos subitement à la chaleur du suffrage universel, et dont il craignait à tout moment de voir s'ouvrir les ailes.

« Louis-Napoléon, a-t-il dit depuis dans ses *Mémoires*, avait pris possession du pouvoir avec éclat. Il avait passé en revue l'armée de Paris, revêtu de l'uniforme de général et du grand cordon de la Légion d'honneur, qu'il avait reçu dans son berceau comme prince impérial. Le spectacle était nouveau, et des acclamations enthousiastes de : *Vive Napoléon!* faiblement mêlées de cris de : *Vive la République!* l'avaient accueilli sur son passage... J'avais fait avec lui une visite dans les ateliers du faubourg Saint-Antoine, et la population ouvrière de ce vaste faubourg s'était pressée autour de lui, avide de contempler le successeur de Napoléon.

« Bientôt même, ajoute M. Odilon Barrot d'un air contristé, les cris de : *Vive l'Empereur!* s'en mêlèrent. Ne sachant, dit-il, comment classer l'ex-roi Jérôme dans

4

un cadre républicain, nous l'avions nommé gouverneur des Invalides. Rien de plus simple en apparence. Eh bien ! voilà qu'à la cérémonie d'installation, ces vieux soldats, cédant à l'ivresse de leurs souvenirs, se mettent à crier : *Vive l'Empereur !* De là, de vives interpellations de la Montagne, qui me forcèrent de monter à la tribune et de demander l'indulgence de l'Assemblée pour ces vieux soldats. » Enivré de ces luttes de la tribune, aussi stériles que bruyantes, M. Odilon Barrot ne comprenait pas que l'opinion publique, ne tirant ni gloire ni profit de tout ce vent sonore dépensé en pure perte, se rattachât à un nom immortel, qui rappelait la supériorité de la fermeté sur l'intrigue et de l'action sur la parole.

J'aurais à choisir parmi les faits qui apportaient chaque jour au Prince des témoignages de sa popularité, et qui venaient le confirmer dans sa résolution d'attendre l'avenir avec confiance. Je n'en citerai que deux : l'un que le Prince me raconta à Saint-Cloud, l'autre qui me rendit auprès de lui l'intermédiaire de l'affection naïve et touchante d'un ouvrier de la province.

Pendant l'été, le Prince habitait le palais de Saint-Cloud. Il aimait fort le cheval, et il faisait dans la campagne des environs de fréquentes promenades. Un jour, il rentra un peu après son heure ordinaire, et je l'attendais en causant avec les officiers de service. Lorsque je fus appelé, je le trouvai ému et souriant.

« Si quelque Burgrave, dit-il, m'avait accompagné à la promenade, il aurait eu des inquiétudes sur l'avenir. » Puis, il me raconta l'accueil chaleureux que lui faisaient d'habitude, pendant ses promenades, les paysans des environs de Saint-Cloud.

« Tout à l'heure, ajouta-t-il, je gravissais un sentier tracé au milieu des vignes. En face de moi descendait un homme qu'au genre de fardeau qu'il portait, j'ai jugé être un rempailleur de chaises. J'écartais déjà un peu mon cheval pour le laisser passer, lorsque cet homme, déposant son fardeau, s'avance vers moi, la chemise ouverte à la poitrine, les bras nus, et d'un ton familier mais sans hauteur, me tutoie et me dit : « Arrête-toi un « instant, et laisse-moi te dire un mot. On dit que là- « bas, à la Chambre, ils ne veulent pas de toi. Eh bien ! « nous en voulons, nous ! Nous savons que tu aimes le « peuple et l'ouvrier. Qu'ils n'oublient pas que c'est nous « qui t'avons nommé, et qu'à ton premier signal, nos « bras et nos poitrines sont à ton service. » Cet homme touchait mon genou de ses poings fermés, et comme mon cheval s'impatientait, il s'est rangé tout aussitôt en me disant : « Compte sur nous ! » Tous ceux que je rencontre dans la campagne se dressent et se découvrent ; et ces bons Burgraves s'abusent bien s'ils s'imaginent qu'ils peuvent lutter contre moi. »

On sait que les petits journaux satiriques, rappelant une pièce célèbre de Victor Hugo, intitulée les *Burgraves*, dans laquelle les principaux rôles étaient joués par des vieillards, avaient donné le nom de Burgraves aux vieux parlementaires hostiles au Prince. M. Molé M. Thiers, M. Berryer étaient des Burgraves.

Le second fait que j'ai à raconter montre que, même dans les provinces les plus éloignées, les paysans et les ouvriers avaient l'âme remplie de la pensée du Prince.

Le 4 octobre 1852, je m'étais rendu à Toulouse, ainsi que deux cent mille personnes des départements environnants pour s r le Prince, qui poursuivait son voyage dans le Midi, et le 7, après son départ pour Bordeaux, je cédai à la proposition d'aller faire une excursion dans les montagnes de l'Ariège, et de visiter les belles forêts de sapins de Bélesta et de Puyvert. J'étais un jour à dîner, avec l'abbé de Cassagnac, mon frère, chez le bon curé de Bélesta, lorsqu'on vint me dire qu'un ouvrier demandait à me parler. Je le vis après dîner, et voici ce qu'il me dit :

— Monsieur, je suis ouvrier cordonnier, et j'habite Bélesta. J'aime le prince Louis-Napoléon, et j'ai eu la pensée de lui offrir une paire de bottes. J'ai mis près de deux ans à les faire, travaillant le soir, après la tâche régulière due à mon patron. Je les crois curieuses et dignes de lui ; mais j'ai vainement cherché quelqu'un qui consentît à les lui remettre de ma part. Toutes les autorités m'ont refusé. Vous êtes ma dernière ressource. J'ai appris que vous étiez chez M. le curé ; on vous dit accessible et serviable comme M. l'abbé, votre frère ; et tout le monde sait que vous approchez le prince Louis-Napoléon. Je viens donc vous demander si vous ne consentiriez pas à me rendre le service que tous les autres m'ont refusé, et à faire remettre au Prince, de la part d'un pauvre et obscur ouvrier, qui l'aime bien, ces bottes qui ont occupé mes doigts et ma pensée pendant prèsde deux années.

— Mon ami, répondis-je sans hésiter, allez chercher

vos bottes ; je les emporterai, et je vous promets qu'aussitôt rentré à Paris, je les ferai remettre au Prince, de votre part. Je connais assez sa bonté envers les hommes qui l'aiment, comme vous, pour rester persuadé qu'il vous en fera accuser réception.

Mon homme partit comme une flèche, et revint en dix minutes, portant une petite caisse bien proprette, fermant à cadenas, avec une clef suspendue à une faveur rose. Il déballa avec précaution deux bottes, dont la vue me fit pâlir ; mais le brave ouvrier était trop occupé de son chef-d'œuvre pour faire attention à mon visage.

Les deux bottes, forme à la Souvarow, portaient les principales batailles et les plus illustres maréchaux de l'Empire, avec l'empereur Napoléon à cheval, au milieu ; le tout, visages, costumes, chevaux, canons, rendus à l'aide de cuirs de diverses couleurs, rouges, bleus, jaunes, verts, blancs, finement piqués à petits points sur l'empeigne et sur la tige. Un saltimbanque de foire se serait pâmé d'orgueil et de joie en chaussant ces bottes, dont les semelles elles-mêmes étaient couvertes de légendes. Je commençais à considérer la remise de cette offrande comme une entreprise hasardeuse, et la témérité de ma promesse m'inquiétait déjà. Mais j'avais promis et il n'y avait pas à s'en dédire. Tout à coup, l'idée de mettre M. Mocquard dans l'affaire me traversa l'esprit ; et, avec Mocquard dans son jeu, on pouvait tout risquer.

En effet, arrivé à Paris, et au milieu des émotions causées par les préparations du rétablissement de l'Empire, je racontai à M. Mocquard l'histoire des bottes.

4.

Il voulut les voir, et il rit aux larmes du musée napoléonien qu'elles présentaient; mais pour lui, comme pour moi, il se dégageait de ce bariolage une pensée touchante : c'était celle d'un brave et bon ouvrier, employant ses loisirs et ses économies à orner à sa manière une chaussure de parade, comme un moine artiste eût dessiné autrefois le vêtement d'un saint ou le manteau d'une madone.

M. Mocquard eut ordre de l'Empereur de remercier le cordonnier de Bélesta. Il lui écrivit une lettre charmante, et lui envoya, au nom du souverain, une jolie épingle de cravate, montée avec une pierre fine.

Tel fut le Prince pendant deux années et jusqu'au moment de la lutte avec l'Assemblée, lutte qui s'ouvrit avec l'année 1851, pour se clore avec elle; laissant ses amis s'exalter, ses ennemis s'agiter, se montrant également patient aux hommes et aux choses, et ne se départant jamais de cette douceur avec laquelle, en 1848, il avait charmé les commères du faubourg Saint-Antoine, lorsque, venu à Paris incognito, il alla visiter les ruines que le canon du général Cavaignac avait faites dans le faubourg.

C'était le 26 juin, pendant la trêve que le général Cavaignac avait offerte aux insurgés. Les femmes de la grande rue du faubourg, moins exaltées et plus pratiques que leurs frères, leurs maris ou leurs enfants, se hâtaient de démolir les barricades. Pendant qu'elles travaillaient à cette œuvre réparatrice, elles virent s'avancer, calme et marchant lentement à cause des obstacles de diverses natures qui encombraient encore la rue, un homme appuyé au bras d'un ami, ganté beurre frais et la canne à la main, qui passait en les regardant faire. Choquées à la fois de cette tenue aristocratique et de cette sécurité, les commères l'apostrophèrent vivement : « Dis donc, mirliflore, tu ferais bien mieux, au lieu de te promener avec tant de nonchalance, de nous aider à remettre les pavés en place. — Vous avez raison, la petite mère, répondit le promeneur. Je viens précisément pour tâcher de rétablir l'ordre, et il est bien juste que je vous aide dans votre œuvre de pacification. »

Aussitôt fait que dit, le promeneur s'arrête, ôte ses gants avec méthode, les remet à l'ami avec la canne; prend et soulève un pavé, l'ajuste dans son trou, l'y scelle soigneusement avec quatre poignées de sable; puis, cela fait, remet ses gants, reprend sa canne et s'éloigne en saluant les commères, qui l'applaudissent en éclatant de rire.

L'Empereur aimait à raconter cette historiette, qui peint son caractère. Tel nous allons le retrouver, même au plus fort de la lutte qui va commencer avec la Chambre, et dont le récit doit être précédé de l'état des forces en hommes et en journaux, qu'il avait pour et contre lui.

IX

LA RÉVISION EST LE BUT POURSUIVI PAR NOUS

J'ouvre dans le *Constitutionnel* la campagne de la révision. — Journaux qui la combattent. — La presse de cette époque. — Les partis dont elle est l'organe. — Personnalités éminentes hostiles au Prince. — Victor Hugo et Lamartine. — Ma longue amitié avec le premier. — Lettre à M. Molé, président du conseil, dans laquelle il demande pour moi la croix de la Légion d'honneur. — M. de Salvandy, ministre de l'instruction publique, me la donne. — Lettres amicales de Victor Hugo et de madame Victor Hugo. — Croisade littéraire que j'avais faite pour ses principes littéraires. — La haine qu'il avait alors pour Voltaire. — Il me prie de dire dans un article que *Voltaire est bête*. — Il avait été élevé dans les idées bonapartistes. — Sa maison était un lieu de rencontre pour les impérialistes. — Il fait, à la demande de M. Thiers, la belle ode pour le retour des cendres de l'Empereur. — Arrivé plus tôt à Paris, j'aurais empêché la rupture de Victor Hugo et du Prince. — Plus tard, l'Empereur la regretta.

Le but que les amis du Président poursuivaient, d'accord avec lui, c'était, on s'en souvient, la prorogation de ses pouvoirs ; mais cette prorogation ne pouvait être obtenue que par une révision de la Constitution, dont l'article 45 déclarait le président inéligible à l'expiration de son mandat. *Révision* était donc la devise de notre drapeau. Cette révision pouvait être régulièrement mise à l'ordre du jour de l'Assemblée et discutée à partir du 28 mai 1851 ; mais rien n'interdisait à la presse de devancer l'ouverture de la période révisionniste, fixée par la Constitution elle-même, et c'est pour cela que, dès mon arrivée à Paris, j'en avais fait, dans le *Constitutionnel*, le cheval de bataille des adversaires de la République de 1848, à laquelle nous reprochions de s'être établie sans le libre consentement du peuple.

Résolument abordée, la question de la prorogation des pouvoirs, par voie de révision de la Constitution, ne tarda pas à passionner les journaux ; et les premiers qui l'abordèrent, pour me combattre, furent le *National*, la *Presse*, l'*Assemblée nationale*, la *Patrie*, l'*Opinion publique*. Ce n'est pas que la presse en général montrât un goût bien vif pour la Constitution ou même pour la République, mais la révision laissait apparaître visiblement derrière elle la prorogation des pouvoirs du Prince, et les journaux, divisés par groupes de partis, reculaient devant une suppression de l'article 45 qui, en ouvrant la porte à un rétablissement de l'Empire, la fermait aux diverses combinaisons dont ils s'étaient faits les organes.

Les journaux d'alors étaient nombreux, ardents et bien faits. Voulant convaincre, ils discutaient ; leurs colonnes se couvraient de longues thèses, toujours étudiées, souvent éloquentes, mais qu'on ne lirait pas aujourd'hui, parce que la presse a changé de caractère et qu'elle est devenue, avant toutes choses, un moyen d'information. Le public veut des nouvelles beaucoup plus que des doctrines, et l'habile *reporter* a discrédité le grand journaliste.

Ces journaux étaient la voix des partis, et, à l'exception du *Journal des Débats* et de l'*Univers*, qui eurent — l'*Univers* surtout — des moments de patriotique et éloquente impartialité, ils étaient tous placés sous la bannière des groupes parlementaires.

La Montagne et toutes les nuances républicaines, réunissant à l'Assemblée 220 voix, avaient pour organe le *National*, signé par M. Léopold Duras; le *Siècle*, signé par M. Lamarche; et la *Voix du Peuple*, signée par M. Proudhon.

Il est vrai que Proudhon disparut rapidement de la scène politique. Condamné à trois années de prison par la cour d'assises de la Seine, le 29 mars 1849, il se réfugia en Suisse; mais il revint, le 4 juin 1850, se constituer prisonnier à Sainte-Pélagie, où il se maria.

L'extrême droite, qui disposait de 30 voix, était soutenue par l'*Union*, signée par M. Laurentie, mon compatriote.

La droite modérée, comptant 120 voix, avait la *Gazette de France*, signée par M. de Lourdoueix, et l'*Opinion publique*, signée par M. Nettement.

Les fusionnistes, qui avaient 30 voix rangées sous la bannière de M. Molé, s'appuyaient sur l'*Assemblée nationale*, que signait M. Adrien de La Valette.

Le parti orléaniste exclusif et le tiers parti, réunissant chacun 30 voix, avaient pour organe l'*Ordre*, signé par M. Chambolle, et la *Patrie*, signée par M. Forcade.

Enfin le groupe conservateur, marchant avec le courant du suffrage universel, rallié à la politique du Président, et comptant 290 voix, était soutenu par le *Pays*, que signait M. de Bouville ; souvent par l'*Univers*, que signait M. Louis Veuillot ; et toujours par le *Constitutionnel* que signaient M. Véron, avec M. Boilay, M. Cucheval-Clarigny, M. Burat, M. Cauvain et moi.

Dans les eaux du vaisseau à trois-ponts, le *Constitutionnel*, naviguait comme aviso mouche le *Pouvoir*, dirigé et signé par moi, et qui, en la personne de Lamartinière, son gérant, fut traduit, le 18 juillet 1850, devant l'Assemblée nationale, sur la proposition de M. Baze, et condamné à 5,000 francs d'amende, malgré l'éloquente plaidoirie de Chaix d'Est-Ange.

Le général Changarnier, soigneux de ses intérêts, avait eu la précaution de fonder un journal pour lui tout seul. Il se nommait le *Messager de l'Assemblée*. Il passait pour être en très grande partie rédigé par lui-même, et l'on y trouvait la parole un peu courte d'haleine, mais toujours nette, incisive et émue, restée familière au général.

En dehors, ou à côté des journaux, militaient des personnalités considérables, au-dessus desquelles émergeaient, par leur illustration littéraire, Victor Hugo et Lamartine.

J'ai des raisons personnelles de rester persuadé que si, au lieu d'arriver à Paris au mois d'avril 1850, j'y étais arrivé au mois de septembre 1849, Victor Hugo aurait été l'un des plus fidèles et des plus grands ministres de l'Empereur. La rupture de ces deux éminents esprits eut lieu le 20 octobre 1849. Victor Hugo ne l'avait pas voulue, et l'Empereur la regretta amèrement.

Une amitié profonde pour Victor Hugo et des relations charmantes entre nos familles ont rempli les vingt meilleures années de ma vie. Lorsque je me mariai, il fut mon témoin; l'acte porte cette signature : « Victor-Marie, vicomte Hugo, membre de l'Académie française, officier de la Légion d'honneur, place Royale, 6. » Je lui dus, ainsi qu'à M. Guizot, mon entrée au *Journal des Débats*, et c'est par lui que je devins, dans la *Presse*, collaborateur de M. de Girardin. Il m'est précieux de conserver ici un souvenir de ces chères années; et, parmi d'autres lettres, j'en choisis spécialement trois, parce qu'elles témoignent de la cordialité de nos rapports.

Celle que je veux transcrire d'abord, parce que, la première en date, elle m'est aussi la plus précieuse, c'est celle, qu'à mon occasion, il adressa au comte Molé, et dans laquelle il lui disait ce qui suit :

« Monsieur le président du conseil,

« Je demande à Votre Excellence la croix de la Légion d'honneur pour M. Adolphe Granier de Cassagnac, publiciste, rédacteur principal du journal *la Presse*. Je demande pour lui cette haute distinction, comme la récompense des services éminents que, depuis quatre ans, il n'a cessé de rendre à la cause de l'ordre. Je ne suis que le colonel, signalant au général en chef un vaillant officier à décorer.

« Ce n'est pas une faveur que je sollicite de la bienveillance personnelle de M. le comte Molé; c'est un acte de justice que je réclame de l'intelligente initiative de M. le président du conseil.

«Victor Hugo.

« Paris, 3 avril 1838. »

Cette lettre, communiquée par M. le comte Molé à mon compatriote, M. de Salvandy, ministre de l'instruction publique, fut décisive, car, à mon retour de Londres, où j'étais aller passer un mois avec Adolphe Bossange, le plus spirituel feuilletoniste de cette époque, je trouvai mon brevet chez mon concierge.

Voici la seconde :

« Vous savez que le 15 décembre j'attends invariablement à dîner mes amis les plus chers. C'est pourquoi je compte sur vous ce jour-là, sans faute.

« Je viens de lire les excellentes et belles pages que vous avez écrites pour Delloye, et j'ai grande impatience de vous serrer la main.

« Votre volume de *Ruy-Blas* vous attend.

« *Ex imo corde.*

« V. H.

« 12 décembre 1839. »

Et comme les années se suivaient et se ressemblaient, la belle et bonne compagne du poète m'écrivit deux ans plus tard :

« Mon cher Monsieur, nous vous attendions mardi. Vous n'êtes pas venu. Victor, qui se faisait une fête, de même que moi, de vous posséder quelques instants, veut un dédommagement. Il compte sur vous dimanche prochain, à sept heures. Ne lui faites donc pas un second désappointement, cher Monsieur.

« Veuillez agréer l'expression de mes sentiments affectueux.

« Adèle Hugo.

« Ce 18 avril 1840. »

Je pris donc place, tout des premiers, avec Théophile Gautier, avec Gérard de Nerval, avec Édouard Ourliac, dans l'ardent apostolat qui propageait la doctrine et défendait l'œuvre du maître ; je m'associai aux énergiques manifestations qui accompagnèrent les premières représentations du *Roi s'amuse*, de *Lucrèce Borgia*, de *Marie Tudor*, de *Ruy-Blas* et d'*Angelo* ; et, sans avoir jamais commis, Dieu merci, le blasphème qu'on m'attribua, d'avoir traité Racine de *polisson*, je fus, dans la campagne ouverte par Théophile Gautier, l'apôtre le plus militant de la doctrine nouvelle ; et, si ce n'était pas manquer de respect aux choses saintes, je dirais que, dans la propagande romantique, Théophile Gautier porta la clé de saint Pierre, et moi l'épée de saint Paul.

De tous les amis littéraires de Victor Hugo, je fus le seul mêlé aux questions politiques, et en communication d'idées avec lui sur ce sujet. Il était libéral, mais sincèrement religieux et profondément monarchique. Voltaire était sa bête noire.

Victor Hugo me pardonnera de révéler à ce propos une fantaisie qui l'obsédait. J'écrivais dans la *Revue de Paris* un article de critique hebdomadaire. « Mon cher, me disait-il souvent, je ne serai content que lorsque vous aurez dit, dans un article, que *Voltaire est bête*. » Je ne me sentis pas assez d'autorité pour prendre la responsabilité de ce jugement.

Conduit en Espagne, à l'âge de six ans, par le général son père, attaché au roi Joseph, il avait joué, au collège des Nobles, avec les enfants de la Grandesse, et il s'honorait de relations entretenues avec le monarque déchu, vivant aux États-Unis, sous le nom de comte de Survilliers. La maison de Victor Hugo était, sinon un point de ralliement, du moins un lieu de rencontre pour les anciens impérialistes. J'y ai vu le prince Joachim Murat, fils du roi de Naples, et j'y ai connu madame Hamelin, amie de l'impératrice Joséphine et de la reine Hortense.

C'est donc à un esprit rempli des souvenirs de l'Empire que M. Thiers s'adressait en 1840, lorsque, étant ministre de l'intérieur, il demanda à Victor Hugo, pour inaugurer le retour des cendres de l'Empereur, l'ode admirable où le poète s'écrie :

> Sire, vous rentrerez dans votre capitale
> Sans tocsin, sans combat, sans lutte et sans fureur,
> Traîné par huit chevaux sous l'arche triomphale,
>   En habit d'empereur.
>
> Les poètes divins, élite agenouillée,
> Vous proclameront grand, vénérable, immortel,
> Et de votre mémoire, injustement souillée,
>   Redoreront l'autel.

On le voit, nul n'était mieux préparé que Victor Hugo à accueillir la rentrée en France et à soutenir le pouvoir du prince Louis-Napoléon, nommé président de la République. Aussi des rapports de bienveillance et de confiance mutuelles s'établirent-ils rapidement entre le Prince et le poète.

Lors de la formation du cabinet du 30 décembre 1848, présidé par M. Odilon Barrot, il fut question de Victor Hugo pour un portefeuille. Il refusa alors l'ambassade de Naples; on lui offrit celle de Madrid, qu'il eût probablement acceptée, sans la résistance de quelques amis; mais il resta candidat du Prince pour un ministère ultérieur.

Vint la fatale rupture du 20 octobre 1849.

Que s'était-il passé? Le 20 octobre, une discussion importante eut lieu à l'Assemblée, au sujet d'une déclaration du pape Pie IX, dite *motu-proprio*, et réglant les conditions du rétablissement de son autorité souveraine à Rome. Le Prince, par l'organe de ses ministres, prit une attitude modératrice dans le débat; mais Victor Hugo, sur le concours duquel il avait compté, déconcerta ses plans en prenant une attitude hostile. A leur première rencontre, le Prince ne fut pas maître d'un mécontentement trop vif, et le poète d'un dépit trop marqué.

Faute d'intermédiaire, la séparation s'accentua, et huit mois après, lorsque mes rapports avec le Prince commencèrent, il était trop tard pour intervenir.

Beaucoup plus tard, sous l'Empire, j'étais un jour dans le cabinet de l'Empereur, à Saint-Cloud, écoutant quelques instructions qu'il me donnait. Comme il fouillait dans quelques papiers, le hasard mit dans sa main une belle et mémorable circulaire de Victor Hugo, adressée aux électeurs de Paris, en 1848, et dans laquelle, devinant les desseins des démagogues, il prédisait qu'un jour ils renverseraient la colonne, pour en faire des gros sous. L'Empereur, tenant le papier, demeura un instant rêveur, avec un sourire triste. « Connaissez-vous cela, me dit-il, en me tendant l'imprimé ? N'est-ce pas que c'est beau et fier ? Eh bien ! j'ai à me reprocher et à regretter une grande faute. Victor Hugo se montrait affectueux pour ma personne et rallié à ma cause. Un jour, j'ai été trop exigeant, et je l'ai blessé. Un homme de sa valeur eût été une force pour mon gouvernement et eût jeté de l'éclat sur mon règne. Victor Hugo et le général Changarnier, deux grandes forces, deux grandes personnalités, dont la fatalité m'a séparé ! » et l'Empereur, reprenant le papier, le replaça dans son secrétaire.

L'état de mes relations personnelles avec Victor Hugo fait supposer que, placés par les événements dans deux camps contraires, nous dûmes avoir une explication politique. Elle fut longue, affectueuse, intime, pleine de supplications de ma part. Je voulais le ramener. Il était trop froidement aigri, et ses relations avec la Montagne étaient devenues trop publiques. Cependant, si j'avais eu, à cette époque — nous approchions du coup d'État — la confidence que je reçus plus tard à Saint-Cloud, je reste encore persuadé que j'aurais changé, en ce qui le touche, le cours des événements. On peut ne pas revenir d'une haine justifiée; mais un homme comme lui revient d'un malentendu.

Le 2 décembre, Victor Hugo trouva un asile chez H... d'Es..... son ami intime et le mien. Il y était en sûreté. Il changea néanmoins de retraite, sur une fausse alerte, jusqu'au jour où, sans se cacher du gouvernement, M. Victor Foucher, son beau-frère, lui ménagea les moyens de se retirer en Belgique.

Les gros événements de 1848 avaient détruit l'action conciliatrice que j'aurais pu exercer sur Lamartine, contre lequel le Prince n'avait conservé aucun mauvais sentiment, ainsi qu'il le prouva dans la suite.

X

AVERSION DE LAMARTINE POUR LES BONAPARTE

J'avais connu Lamartine chez madame de Girardin. — Petite correspondance avec cette femme célèbre. — Lecture de la tragédie de *Judith*. — J'y rencontre Lamartine, il m'invite à dîner. — Il aspire à être nommé président de la Chambre des députés. — Notre conversation à ce sujet. — M. Guizot et M. Duchâtel lui sont favorables. — Difficultés qui conseillent un ajournement. — Il refuse et accepte la lutte. — Lettre qu'il m'écrit en se rendant à la Chambre. — Il est battu, et se jette dans l'opposition. — Conséquence fatale de son échec. — Après la chute de la République, il dirige le journal *le Pays*, fondé par M. de Bouville. — M. de la Guéronnière est son collaborateur. — Guerre courtoise qu'il fait au *Constitutionnel*. — Dès sa jeunesse, il s'était déclaré contre l'Empereur Napoléon. — La signature est imposée aux journaux par la loi Tinguy. — M. Véron signe le premier dans le *Constitutionnel*.

J'avais connu Lamartine chez madame de Girardin. J'ai tracé, dans *le Secret du Chevalier de Médrane*, une esquisse rapide de la personne et du salon de cette femme distinguée, aussi sympathique par l'esprit que par la beauté. En femmes, comme en hommes, elle recevait l'élite. J'ai dîné chez elle avec M. Guizot, et j'y ai passé la soirée avec madame Récamier. Je lui lisais mes feuilletons de la *Presse*, avant de les porter à l'imprimerie ;

et un soir que j'achevais la lecture de quelques pages sur les héroïnes de Racine, sa femme de chambre vint annoncer une visite. Par discrétion, je me levais pour sortir, mais madame de Girardin, passant rapidement devant moi pour aller au-devant de la visiteuse, me dit à voix basse : « Restez donc, c'est madame Récamier. »

J'ai fait le portrait de cette femme célèbre. Il est exact. Mais ce que j'oserais à peine tenter c'est une esquisse de son esprit, composé par moitié de douceur et de courtoisie. J'ai honte de dire que, ce soir-là, je parlai presque tout le temps ; mais j'ai hâte de m'excuser, en ajoutant que je ne m'en aperçus pas, tant elle mit d'adresse à m'attirer sur le terrain des choses qu'elle supposait m'être familières. En se levant, elle me fit l'honneur de m'inviter à aller la voir à l'Abbaye-au-Bois.

Puisque je suis sur ce sujet, je ne tairai pas le sentiment d'orgueil que me laissa cette causerie. Lorsque madame de Girardin, qui avait reconduit madame Récamier jusqu'à l'escalier, rentra dans le salon, elle vint à moi en s'écriant : « Vous allez être bien fier ! madame Récamier m'a chargée de vous dire que vous êtes, depuis vingt ans, le premier qui l'aura retenue et fait se coucher après onze heures. » C'était une flèche d'or que l'Égérie de Châteaubriand me lançait au cœur en partant.

Je dus à madame de Girardin bien des causeries et bien des relations charmantes. Elle était moins épigrammatique que sa mère, madame Sophie Gay, et peut-être moins brillante que sa sœur, madame la comtesse O'Donnel ; mais son esprit avait plus d'élévation et de masculinité. Aucune autre femme ne savait être plus gaie dans ses joies, et plus émue dans ses peines. La voir, l'écouter et subir son empire, c'était tout un. J'avais pour elle une respectueuse et solide amitié. Et cependant nous fûmes brouillés pendant trois jours. C'était en avril 1840 ; le dernier ministère de M. Thiers venait de se former, avec M. de Rémusat à l'intérieur, et M. Guizot à l'ambassade de Londres. Je ne voulais pas soutenir ce ministère, à cause de M. Thiers dont je ne partageais pas les idées, et je ne voulais pas l'attaquer, à cause de M. Guizot et de M. de Rémusat, dont j'aimais les personnes. Je résolus de rester neutre et de renoncer à la collaboration politique et journalière de la *Presse*. Madame de Girardin se montra profondément blessée de ma retraite, et, pendant trois jours, elle répondit à peine à mon salut. Cependant, sur un billet de moi, où je lui rappelais que, pendant quatre années, elle avait été pour moi *bienveillante* et *polie*, elle m'écrivit la lettre suivante :

« Vous vous trompez, Monsieur, je n'étais pas pour vous, depuis quatre ans, *bienveillante* et *polie*; j'étais affectueuse et confiante, et vous devez pardonner à ce qu'on témoigne de ressentiment et de chagrin en perdant un ami tel que vous.

« Mais cette impression violente sera passagère : bientôt j'oublierai vos torts, et je ne choisirai dans mes souvenirs que ceux qui vous seront favorables. Je dirai : ce n'est pas le cœur, le caractère que je croyais; mais c'est encore un des meilleurs que je connaisse, et je me résignerai à n'être plus pour vous que bienveillante et polie.

« En attendant, venez subir avec courage les tristes épreuves de ce changement, et ne vous plaignez point d'une froideur qui est un reste d'amitié.

« D.-G. DE GIRARDIN.

« Jeudi, 8 avril. »

Mon empressement commença le rapatriage, et le temps l'acheva. M. de Girardin eut même la bonté d'y concourir, et il me l'annonça par ce billet :

« Je vous envoie une lettre que Lamartine m'a chargé de vous remettre.

« Ma femme vous a répondu hier. Elle n'approuve pas vos nouveaux arrangements ; mais le moment d'humeur qu'elle en a souffert ne peut que vous flatter. Je lui ai fait comprendre les motifs qui avaient dû vous les faire contracter, et ceux que j'avais moi-même d'y adhérer.

« Si, ce mois-ci, vous avez peu à faire, ce serait le cas de faire la *Reine des prairies*.

« Quand vous reverrai-je ?

« G. »

J'écrivis en effet mon petit roman, qui parut immédiatement dans la *Presse*, et les relations affectueuses reprirent leur cours. L'année d'après, à l'occasion de mon mariage, madame de Girardin, qui venait de perdre sa sœur, la belle et spirituelle comtesse O'Donnel, m'écrivit sur du papier entièrement blanc, ces mots affectueux :

« Je n'ai pas voulu attrister votre bonheur par du papier en deuil, mais me voici pour quelques heures à Paris. Si vous êtes libre, venez me voir un moment. J'ai à vous remercier d'une lettre bien touchante que vous m'avez écrite, et à vous répéter encore tous mes vœux pour vous et pour elle.

« Mille affectueux souvenirs.

« Je dois repartir à trois heures.

« D.-G. DE GIRARDIN. »

Le lecteur m'excusera, j'en suis certain, de m'attarder encore un peu sur cette sympathique mémoire ; et voici un petit rendez-vous littéraire qu'elle me donnait, en 1842, et où, avec quelques raffinés de la littérature, je rencontrai Lamartine :

« Vous m'avez promis votre voyage en Amérique, vous ne me l'avez pas donné. Vous ne venez plus me voir, c'est très mal.

« Je lirai, demain lundi soir, *Judith* à quelques amis. Voulez-vous l'entendre ? C'est une réunion presque mystérieuse.

« Mille affectueux souvenirs.

« D.-G. DE GIRARDIN. »

Lamartine était à la lecture de *Judith*. C'était une nature ouverte, élevée, sympathique, avide de gloire, mais capable d'en prendre un peu partout, et sans trop examiner la qualité. Madame de Girardin nous avait rapprochés ; il me témoigna le désir d'avoir un entretien politique, et j'acceptai à dîner chez lui pour un des jours suivants.

Il est rare que les hommes politiques n'aient pas une crise à traverser en leur vie. Lamartine entrait dans la sienne. Il s'était rallié, depuis plus d'un an, à la majorité conduite par M. Guizot, et il ambitionnait l'honneur fructueux, mérité d'ailleurs, d'être porté aux fonctions de président de la Chambre des députés, qui donnaient le logement dans le palais et quatre-vingt mille francs de traitement. Les députés, bourgeois et prosaïques pour la plupart, trouvaient les discours de Lamartine trop poétiques, mais M. Guizot appréciait la beauté de son talent et l'éclat de sa renommée, et il souhaitait sincèrement l'attacher à sa politique, en l'associant, par la présidence, aux actes de la majorité.

C'est précisément de ce projet qu'il désirait m'entretenir, me sachant affectueux pour sa personne, et en situation de le servir auprès de M. Guizot et de M. Duchâtel. La franchise de ses aveux me navra. « Je meurs de faim, me dit-il en propres termes. On me laisse entrevoir l'ambassade de Vienne; mais on me nuit dans l'esprit du roi, que je respecte quoi qu'on lui dise, et qui a eu des bontés pour les miens. Je ne compte donc pas sur Vienne. Je crois valoir Sauzet, pour présider la Chambre; je pense avoir gagné mes éperons, et je vais me porter résolument candidat, à la réunion prochaine du Parlement. Nous verrons bien si la majorité me repoussera. »

J'assurai Lamartine, comme j'étais en situation de le faire, des dispositions équitablement bienveillantes de M. Guizot et de M. Duchâtel, qui, dans l'intérêt du gouvernement et de la Chambre, le mettaient fort au-dessus de M. Sauzet; mais j'essayai de lui faire toucher du doigt les difficultés, qui étaient d'ordre inférieur, mais quoique réelles. M. Sauzet n'avait alors que trois années consécutives de présidence, et il était d'étiquette acceptée d'en accorder quatre. Il fallait donc faire accepter cette infraction aux usages parlementaires à une majorité déjà froide pour Lamartine; il fallait gagner le roi. Tout cela voulait des ménagements et du temps. Lamartine se cabra contre cet ajournement, et son ambition, d'ailleurs aussi honorable que justifiée, devint un sujet de discussion dans la presse. L'opposition lui fit des avances, ce qui le compromit aux yeux de la majorité.

Au nom de ma respectueuse sympathie, j'exprimai, dans le *Globe*, pour la candidature de Lamartine, l'opinion favorable que nous en avions tous ; mais en même temps, je signalai le péril qu'elle courait si elle se présentait sans l'appui concerté et résolu de la majorité, laquelle ne pouvait pas le donner à cette heure.

Je ne fus pas écouté, et Lamartine m'écrivit, en partant pour la Chambre, la lettre suivante :

« Je viens de lire le *Globe*; il est impossible qu'un homme qui voit avec cette lucidité, qui exprime avec cette netteté les idées les plus complexes, et qui écrit avec cette bienveillance, ne soit pas un jour un puissant *remueur* d'hommes et de choses, et ne travaille pas avec nous.

« Je ne veux vous dire que cela, car je n'accepte pas l'argumentation contre le sens de ma candidature. Je la vois autrement, et c'est pour cela que je l'affronte.

« Tout à vous,

« LAMARTINE. »

Mes craintes se réalisèrent : Lamartine fut battu, et, dès ce jour, il passa à l'opposition. Il est indubitable qu'il eût été nommé avec l'appui du ministère, à la session de 1844, et qu'il eût tenu le siège le 24 février 1848. Que d'événements, qui se sont réalisés depuis, seraient restés dans les futurs contingents ! Lamartine présidant la majorité conservatrice du 24 février, forte de près de cent voix, aurait défendu la Chambre contre une émeute mal organisée. Dans tous les cas Lamartine, président, ne serait pas allé à l'Hôtel-de-Ville. M. de Morny m'a dit cent fois : « Si j'avais présidé le 24 février, Louis-Philippe serait mort aux Tuileries. »

La défection de Lamartine attiédit nos relations ; son adhésion à la République les fit cesser.

L'élection du prince Louis-Napoléon exaspéra, dans l'esprit de Lamartine, une prévention de sa jeunesse contre les Bonaparte. Il avait le faible de M. Guizot; les Napoléon le gênaient. Lorsque M. Mirès eut acheté le journal *le Pays*, de M. de Bouville, qui l'avait fondé, Lamartine en prit la direction, avec M. Arthur de la Guéronnière, qui depuis... mais alors il était un adversaire passionné et éloquent du président de la République. Sincère dans son opinion, M. de la Guéronnière protesta, le 3 décembre, en tête du *Pays*, contre le coup d'État de la veille, et donna même la démission de son frère, qui était excellent sous-préfet. Éclairés par leur bon sens et par celui de la France, les deux frères ne tardèrent pas à retirer, l'un sa démission, l'autre sa protestation ; et ils furent l'un et l'autre d'importants et de fidèles serviteurs de l'Empire.

En 1850 et en 1851, Lamartine et M. de La Guéronnière, cantonnés dans le *Pays,* faisaient la plus rude guerre possible à la politique du Prince.

Les partisans du prince avaient donc une tâche difficile à remplir. Leur but était d'obtenir la prorogation de ses pouvoirs, après avoir obtenu la révision de la Constitution, dont l'article 45 interdisait sa réélection. Ils avaient ainsi contre eux la majorité de l'Assemblée, le texte de la Constitution, les partis politiques rivaux, et enfin les journaux, organes très ardents de cette rivalité.

Nous autres, défenseurs des principes et des garanties sociales que représentait le neveu de l'Empereur, nous avions pour appui l'opinion publique ; mais, pour agir sur cette opinion, pour la fortifier et la diriger, nous n'avions que le *Constitutionnel*, organe, il est vrai, le plus répandu de la presse, et dont Lamartine définissait ainsi l'esprit et le rôle, dans un article publié par le *Pays,* le 27 avril 1851 : « Le *Constitutionnel* est le *Journal des Débats* d'autrefois, mis au diapason d'un nouveau public et d'un nouveau temps. C'est un clan d'hommes d'esprit, campé dans la rue de Rivoli, et regardant passer la révolution avec une lorgnette d'opéra. »

Ce clan de journalistes, auquel Lamartine attribuait quelque esprit, avait surtout ce qui fait la force de la presse, une doctrine nette, persistante et résolue. Ils savaient ce qu'ils voulaient, ils le disaient clairement, tous les jours et avec une énergie que rien ne pouvait attiédir. Ils ne se faisaient aucune illusion sur le sort que leur eût assuré la victoire de leurs adversaires ; mais ils savaient que mollir devant le danger, c'est le rendre plus certain et plus redoutable. M. Véron lui-même payait d'exemple. Lamartine venait de l'appeler le Saint-Évremond de la bourgeoisie. Sans doute, il n'eût peut-être pas figuré, l'épée à la main, à Rocroi, comme l'ami de la duchesse de Mazarin ; mais il n'hésitait pas à remplir les devoirs et à accepter les périls de la situation que nous avions prise, devoirs et périls qui étaient sérieux à cette époque.

Deux membres de la droite, MM. de Tinguy et de Laboulie, avaient obtenu, le 16 juillet, le vote d'une loi qui obligeait les journalistes à signer leurs articles, mais cette loi ne devenait exécutoire que le 23 septembre 1851. Les parlementaires avaient espéré affaiblir l'autorité morale de la presse, en substituant l'autorité personnelle d'un écrivain à l'autorité collective d'un journal. Ils se trompèrent. La presse devint une tribune désormais ouverte aux hommes de talent, qui l'acceptèrent avec joie, et le journalisme s'améliora et s'éleva par la responsabilité du grand jour que la loi lui imposait. La signature ne pouvait pas rendre les écrivains médiocres pires ; elle rendit les bons meilleurs. C'est de la loi du 16 juillet que date la réputation des grands journalistes; le public fut charmé de les connaître, après les avoir goûtés.

M. Véron accepta gaiement l'obligation de la signature : il l'inaugura le 23 septembre, et il la plaça successivement au bas d'un grand nombre d'articles, marqués au coin d'une bonhomie narquoise, et que de bons journalistes n'auraient pas désavoués. Son principal objectif fut M. Thiers ; soit qu'il lui gardât rancune des cent mille francs qu'il venait de lui rembourser, soit qu'il eût gardé un souvenir aigri de sa longue dictature sur le *Constitutionnel*, il montra dans sa polémique une passion à laquelle il parvint à m'associer. J'envoyai donc aussi quelquefois mon trait barbelé parmi les gros carreaux du docteur. La galerie riait, et probablement M. Thiers aussi. Enfin, la caricature intervint ; le docteur Louis Véron était représenté en costume de salle de dissection ; M. Thiers, inanimé, mais avec ses lunettes, était couché sur une table de marbre. J'étais debout, à côté, tenant respectueusement la trousse du docteur, comme un élève de Roux ou de Nélaton ; M. Véron, armé d'une pince et d'un bistouri, cherchait dans le grand sympathique de M. Thiers les filets nerveux conducteurs de sa politique.

XI

COMMENT M. VÉRON DIRIGE LE CONSTITUTIONNEL

Ses égards pour ses collaborateurs. — Comment il fait travailler Sainte-Beuve. — Il me fait lire mes articles après-dîner. — Pourquoi? — Mon succès après la lecture de mon article sur les *Deux Dictatures*. — Comment je venais à bout des résistances de M. Véron.

Je n'ai jamais connu un directeur de journal possédant, au même degré que M. Véron, l'art de stimuler et de faire travailler ses collaborateurs. Plein de tact et de mesure, il excellait à saisir le côté faible d'un article et à faire valoir ses parties saillantes. Ses critiques ne blessaient pas, et ses éloges persuadaient. J'ai été témoin de l'habileté avec laquelle il a ainsi dirigé les premiers *Lundis* de Sainte-Beuve, de beaucoup les meilleurs. Comme il savait commander discrètement, sous forme de conseil, il avait obtenu de Sainte-Beuve qu'il vînt lui proposer le sujet de son article. Le sujet adopté, on en causait. L'écrivain, qui se sentait devant un juge bienveillant, déférait sans peine à des opinions qui profitaient au goût, sans blesser sa dignité. M. Véron était d'avis et imposa pour règle que chaque article contînt un sujet tout entier. Il n'aimait pas les suites. Il avait raison. Il ne demandait pas de faire court, car les articles de Sainte-Beuve ont jusqu'à cinq colonnes, mais il demandait de faire complet. L'article fait, Sainte-Beuve venait le lire le vendredi matin. C'était solennel ; la porte du docteur était close pour tous, et, l'article lu, on en parlait encore en déjeunant. Quand Sainte-Beuve, après la vente du *Constitutionnel* à la Société des journaux réunis et la retraite de M. Véron, travailla seul et sans contrôle, il se relâcha et poussa à la *copie*. Il bavarda sans fin, après avoir causé avec mesure.

M. Véron n'avait pas deux systèmes de direction ; il travaillait avec ses rédacteurs politiques comme avec Sainte-Beuve. Nous nous réunissions tous les matins chez lui, à dix heures. Là, nous arrêtions la composition du journal ; et puis chacun rentrait chez lui faire sa besogne. Nous travaillions avec ardeur, même avec passion, et par conséquent avec plaisir. Quand c'était mon tour de donner, pour quelque question importante, je revenais, à quatre heures, lire mon article.

Un jour, M. Véron trouva qu'il avait été quelquefois abusé sur la valeur de mon travail par ma manière de le lire. Il exigea que je lusse désormais à table, à la fin du dîner, devant tous les convives. Il prétendait qu'un article médiocre, de quelque façon qu'on le lût, ne pouvait jamais passer pour bon après dîner, et tromper des auditeurs dont les sens étaient déjà émoussés par le vin de Champagne et les truffes, et qui étaient épuisés par la conversation. Tout article ayant résisté à une pareille épreuve lui paraissait devoir être nécessairement bon.

Telle fut celle à laquelle il me soumit le 23 novembre 1851, au sujet d'un article dans lequel nous jouions notre va-tout.

On touchait au coup d'État. Les résolutions les plus extrêmes étaient presque publiquement discutées, aussi bien contre le Président que contre l'Assemblée. J'avais fait un article dans lequel je dénonçais, avec la dernière énergie, un projet de dictature rouge avec le général Cavaignac, succédant à un projet de dictature blanche avec le général Changarnier. Nous courions la chance, qui se réalisa, d'amener un orage au sein de l'Assemblée, et nous bravions l'amende et la prison. L'article voulait donc être regardé de très près. Il y avait à dîner un sujet des chœurs de l'Opéra, qui était l'Antigone de l'aimable et charmant Auber, avec lequel la belle était venue. La vérité m'oblige à dire que j'eus les honneurs du *bis*, quoique l'article fût très long, et que j'enlevai le suffrage unanime de ce redoutable aréopage. En nous levant, M. Véron me dit : « Votre article est excellent. Pendant la lecture, j'en suivais l'effet sur la figure de D... Cette fille est spirituelle comme une oie. Eh bien ! mon cher, vous l'avez enlevée. Je ne sais rien de plus fort. »

Pour en finir avec la fermeté de M. Véron dans les partis une fois pris, je dois ajouter que tous les rédacteurs du *Constitutionnel*, auxquels il demanda, en arrivant au bureau, ce qu'ils pensaient de l'article, lui dirent : « Si vous voulez faire beaucoup de prison et payer beaucoup d'amende, vous n'avez qu'à le publier. » M. Véron répondit : « Je payerai l'amende et je ferai la prison, mais l'article passera. » Le fait est que, sans un discours de Berryer, qui détourna l'orage, nous aurions eu l'honneur d'être appelés devant l'auguste aréopage, qui nous aurait bel et bien condamnés. Il est vrai que la prison n'eût pas été longue ; le coup d'État eut lieu huit jours après.

Voilà comment se faisait le *Constitutionnel*. J'allais fréquemment à l'Élysée, et le Prince était, au fond, l'âme de nos résolutions. Je viens de dire que M. Véron était ferme dans un parti, une fois qu'il l'avait pris ; mais il se présentait des cas où il n'était pas facile de l'entraîner. Depuis qu'il avait payé cent mille francs le plaisir d'être délivré du joug de M. Thiers, il tenait plus que jamais à être maître chez lui. Je recourais dans ces cas à une petite manœuvre, qu'il ne soupçonna jamais. Il n'aimait pas tout le monde à l'Élysée. M. de Persigny ne lui était pas sympathique, et un jour, dans le *Constitutionnel*, et dans un article signé, il l'appela *un sous-officier de fortune ;* mais il avait un goût très vif pour M. Mocquard, et pour M. le colonel Fleury une considération toute spéciale.

Lorsque M. Véron me résistait un peu, je m'arrêtais au premier mot ; mais j'allais trouver le Prince, et, après lui avoir exposé le cas, je lui disais : « Monseigneur, envoyez-lui Mocquard ». Quand la résistance était grave, et que M. Mocquard ne l'avait pas entièrement vaincue, je retournais à l'Élysée, et je disais au Prince : « Monseigneur, envoyez-lui Fleury ». L'assaut du spirituel et élégant colonel n'était jamais repoussé.

XII

L'EMPEREUR JOURNALISTE

Portrait de l'Empereur comme penseur. — Il contenait l'étoffe d'un grand journaliste. — Qualités nécessaires à la profession. — Comment il conçoit la presse de lutte, et la cause du succès du *Figaro*. — Conseils qu'en 1872 il m'écrivit de Londres. — L'Empereur voulait avoir une presse inspirée par lui, en dehors de l'action de ses ministres. — Quel but il poursuivait en agissant ainsi. — Il laissait ses ministres libres dans leurs actions. — Cas où ils désavouent les articles secrètement inspirés ou acceptés par lui. — M. Rouher désavoue le *Pouvoir*. — M. de Thorigny désavoue le *Constitutionnel*. — Action directe et personnelle de l'Empereur dans le gouvernement. — Négociation secrète avec l'Angleterre par l'intermédiaire de Cobden. — Travaux que je fais sur la demande de l'Empereur. — Il me remet des notes, que je lui rends ensuite. — Articles qu'il me fait faire pour l'*Etendard*, à l'insu de M. Vitu, son rédacteur en chef. — M. Mocquard ou M. Conti étaient seuls dans sa confidence. — L'Empereur me fait lire mon travail. — Succès de lecture à l'Elysée. — L'Empereur réfléchit beaucoup. — Lettre de M. Mocquard demandant un article que l'Empereur veut relire. — Lettre de l'Empereur qui m'ordonne des changements à une brochure sur Sedan, et les attend de mon esprit de discipline et de dévoument.

Puisque le prince Louis-Napoléon faisait un usage à la fois si habile et si profitable de la presse, il peut être intéressant pour le public de savoir ce qu'il pensait du journalisme et comment il le dirigeait.

Pour bien expliquer l'Empereur comme journaliste, il est nécessaire de le faire connaître comme penseur. J'ai déjà donné, dans un chapitre précédent, l'idée générale que m'avait laissée de lui une première impression ; je veux la compléter par un portrait plus étudié, tracé par moi pendant les premières années de l'Empire.

« Sa parole était calme, pleine et sans aucun mélange d'accent étranger. Sa phrase se développait avec facilité, mais lentement et à demi-voix, plus familière que théâtrale, habituellement courte et toujours claire. Soit qu'il parlât, soit qu'il écoutât, on sentait en lui une nature recueillie et méditative, dont le ressort pouvait se détendre avec d'autant plus de puissance que sa force était économisée par l'habitude et par le goût du repos. C'était une activité immense mais captive, tenue au fourreau comme une épée, jusqu'au moment du combat.

« Facilement accessible aux personnes, le Prince se montrait indulgent aux systèmes. On ne le trouvait ni indifférent à écouter les idées d'autrui ni empressé à produire les siennes. Son âme avait le calme que donnent les convictions arrêtées et les résolutions prises. Il accueillait simplement les hommes simples qui venaient à lui sans prétention et sans condition, et il dédaignait de faire ce prosélytisme patelin et verbeux, aux conquêtes aussi douteuses que nombreuses, qui arrivent avec la première faveur, et qui partent avec le premier mécompte.

« Ouvert de ses principes, de ses épreuves, de ses espérances, pour ceux dont cette confiance honorait et récompensait la loyauté, il savait rester impénétrable, naturellement et sans mystère, pour ceux avec lesquels l'épanchement eût été dangereux et inutile. Son esprit, comme la sentinelle, ne livrait passage qu'à ceux qui apportaient le mot d'ordre. Il ne se révéla complètement ni à M. Thiers, ni à M. Berryer, ni à tous ces chefs des anciens partis, qui venaient moins pour le consulter que pour l'asservir.

« Dans sa vie privée, le Prince était d'un naturel bienveillant, et, comme toutes les personnes laborieuses, d'une sobriété exemplaire. Cette vie seule pouvait donner à son esprit la force de composer tant d'ouvrages, à son âme la volonté de traverser tant d'épreuves, à son caractère ce goût et cette aisance du travail qui étonnait tant d'hommes d'État ; à son corps, cette adresse et cette vigueur qui ont fait de lui l'un des plus solides et des plus beaux cavaliers de l'Europe.

« Le Prince était religieux comme ceux qui le sont réellement, c'est-à-dire sans affectation extérieure et pour l'acquit de sa propre conscience. Pendant que les socialistes et les démagogues se déchaînaient le plus violemment contre le christianisme, il assistait régulièrement aux offices, devant un modeste autel dressé au palais de l'Élysée, sans autres témoins de ce devoir accompli que son chapelain et sa maison.

« La force et la popularité du Prince semblaient fondées sur l'empire des contrastes. La nature l'avait préparé à son rôle, en le douant des qualités opposées à nos défauts. Nous parlons beaucoup, il parlait peu ; nous écoutons à peine, il écoutait avec attention ; nous réfléchissons rarement, il méditait sans cesse ; nous nous emportons contre les hommes et contre les choses, il se montrait doux aux personnes et aux événements. Un tel caractère n'était au-dessous ni de la grandeur, ni des périls de la situation, car il joignait au coup d'œil qui mesure les obstacles, le courage qui les affronte et la patience qui les use. »

Un tel homme contenait évidemment tous les éléments d'un grand journaliste.

En matière de presse, il y a une vérité fondamentale qu'il ne faut pas oublier. Pour devenir un grand journaliste, il est nécessaire de réunir deux qualités préalables : il faut de l'instruction et du style. Dans les temps troublés et passionnés, on voit des journalistes en possession d'un tempérament de tribun, et produisant de grands effets par la véhémence ou l'originalité de leurs allures. Tels furent Camille Desmoulins sous la Convention ; Bertin d'Antilly sous le Directoire ; de Martinville sous la Restauration ; Carrel sous le gouvernement de Juillet ; mais dans les temps calmes, les esprits se défendent davantage, et il faut, pour les entraîner, des écrivains bien pénétrés des questions débattues, qui pensent juste et qui écrivent bien.

Personne n'eût été mieux préparé que le prince Louis-Napoléon à devenir un grand journaliste, car bien peu étaient aussi instruits, et nul n'écrivait mieux que lui. M. Gambetta, m'abordant un jour dans la salle des Conférences du Corps législatif, me dit : « Vous avez eu cent occasions de bien étudier et de connaître l'Empereur. Quel homme est-ce ? — Au point de vue intellectuel ? — Précisément. — C'est l'un des plus grands esprits et le plus grand lettré de ce temps. » — Ma réponse parut frapper beaucoup mon interlocuteur. Elle était parfaitement sincère. Je connais les œuvres des écrivains les plus notables de notre époque, et aucun n'a dépassé l'élévation de pensée ou les qualités magistrales de son style. Son trône a distrait de ses livres; mais ceux qui les ont lus savent que jamais ni la France ni les autres pays ne possédèrent un souverain préparé à régner par une plus haute culture intellectuelle.

Voilà pourquoi il avait une idée si juste de l'action de la presse sur la société moderne, et pourquoi il cherchait à diriger cette action avec tant de sollicitude.

D'abord, et même en ce qui touche les procédés matériels et techniques de la presse, l'Empereur avait l'instinct du journalisme bien compris et bien fait. Sans être opposé à la grande discussion, prise de haut et vigoureusement menée, il était d'une manière générale pour les articles courts, faits, comme on dit, à l'emporte-pièce. Lorsque, en 1867, on eut décidé la fondation de l'*Étendard*, il résolut d'en confier la rédaction en chef à M. Vitu, qui avait travaillé avec moi au *Pays*, et au sujet duquel il voulut bien m'entretenir. Il le fit appeler et, l'abordant à brûle-pourpoint, il lui dit : « A quoi attribuez-vous le succès du *Figaro* ? » Pris au dépourvu, M. Vitu hésita à répondre. L'Empereur, reprenant aussitôt, ajouta : « Je crois que le succès du *Figaro* tient à ce qu'il procède par articles courts, variés et nombreux, exposant chacun une idée différente. » Plus tard, en 1872, lorsque, sur l'invitation de mon collègue et ami

M. Dugué de la Fauconnerie, j'entrai dans la rédaction de l'*Ordre*, l'Empereur, qu'il alla visiter à Chislehurst, le chargea de cette recommandation pour moi : « Dites à Granier de Cassagnac qu'il s'attache à faire des articles courts, vifs, variés et nombreux ; il sait, comme moi, que c'est le meilleur système de rédaction, surtout pour une guerre d'offensive. »

Le système général de l'Empereur, en matière de journalisme, était d'avoir une presse dévouée dans sa main, inspirée par lui, et dont il se servait, en dehors de son gouvernement, habituellement à l'insu de ses ministres, et même quelquefois contre eux.

Et ce n'était point par esprit de dissimulation ou par un vieux reste de levain conspirateur, que l'Empereur tenait ainsi sa presse personnelle en dehors de l'action ministérielle. Il savait qu'un journal notoirement dévoué à un cabinet est par cela même dépouillé de toute action sur l'opinion publique.

Le rôle de la presse est de devancer l'opinion, afin d'arriver à lui imprimer la direction désirée, qu'il n'est pas toujours prudent d'indiquer par avance. Elle fait donc office d'avant-garde, avec la mesure de témérités ou même de ruses que la stratégie comporte. Le fameux *tour de main* dont Ledru-Rollin faisait la base de sa théorie des révolutions, fait aussi partie de la théorie de la presse, et la fausse attaque est quelquefois nécessaire pour faire réussir la vraie. Or, ces manœuvres, ces audaces, ces imprudences froidement calculées ne peuvent jamais être avouées par des ministres, qui ont et doivent avoir pour constante préoccupation de n'être pas engagés ou compromis par la collaboration extérieure du journalisme.

Je vais citer quelques exemples curieux de ces coups de main du journalisme, exécutés à l'insu des ministres, et pour le succès même de la cause dont ces ministres étaient les courageux serviteurs.

J'ai di que je rédigeais, à côté du *Constitutionnel*, un petit journal très audacieux, intitulé *le Pouvoir*. Je l'employais à mettre en lumière les divisions, les luttes intérieures, les batailles que se livraient les partis au sein de l'Assemblée, et par conséquent, la stérilité et l'impuissance du régime parlementaire. Dans le numéro du 14 juillet 1850, je disais : « Le pays est incomparablement plus calme et plus sensé que l'Assemblée ; et s'il y avait, en province, une ville où l'on s'injuriât, où l'on s'attaquât avec autant de fureur qu'au Palais-Bourbon, il y a longtemps qu'on l'aurait mise en état de siège. » M. Baze demanda à la Chambre d'appeler le *Pouvoir* à la barre, et les poursuites furent immédiatement ordonnées, malgré la résistance de quelques députés.

Gêné dans sa situation de ministre, et dans son action sur la Chambre par cette attitude violente d'un journal notoirement dévoué au prince Louis-Napoléon, M. Rouher, garde des sceaux, suivit M. Baze à la tribune, et déclara qu'il regrettait de n'avoir pas connu l'article du *Pouvoir*, parce qu'il aurait pris lui-même l'initiative d'une demande en autorisation de poursuites.

Ainsi, le ministre s'était trouvé moralement obligé de

désavouer un article approuvé, à son insu, par le Prince, article écrit dans l'intérêt d'une politique que ce ministre servait courageusement; et de même que M. Rouher avait ignoré que l'article venait de l'Élysée, on lui laissa ignorer pareillement que, le lendemain de la condamnation, le Prince m'avait envoyé, par M. Auguste Chevalier, son chef de cabinet, 5,000 francs pour payer l'amende, et 5,000 francs à offrir à Me Chaix d'Est-Ange, pour sa brillante plaidoirie. Il est à peine nécessaire d'ajouter que le grand avocat, en sa qualité d'ami du premier degré, me chargea de rapporter au Prince les honoraires offerts, et d'ajouter à son respectueux refus l'assurance de son dévouement et, en toute occasion, celle de ses services.

L'attitude du *Constitutionnel*, systématiquement aussi énergique que celle du *Pouvoir*, et laissée avec le même soin en dehors de l'action ministérielle, ne pouvait pas logiquement échapper aux désaveux du gouvernement. Il y en eut deux. Le 11 mars 1851, le cabinet, gêné et débordé par notre politique à outrance, fit désavouer les tendances violemment révisionnistes du journal; et, le 24 novembre suivant, juste huit jours avant le coup d'État, après la publication d'un article de moi qui le faisait pressentir à bref délai, M. de Thorigny, ministre de l'intérieur, sur une interpellation de M. Creton, député de la Somme, exprima le regret que l'Assemblée, au lieu de s'en prendre au cabinet, étranger aux doctrines du *Constitutionnel*, ne m'eût pas interpellé et interrogé personnellement à sa barre. Je raconterai plus loin en quels termes, trois jours après le désaveu de son ministre, le

6.

Prince me remercia de cet article, et m'en demanda un autre poussant les choses encore plus loin, article que je me mis en devoir d'écrire, mais dans la publication duquel je fus devancé par le 2 décembre.

Le Prince, qui prit toujours une part énorme au gouvernement, soit comme président de la République, soit comme empereur, ne se départit que vers la fin de son règne, et sous le régime parlementaire, de la direction concentrée des affaires, qui est naturelle à l'exercice direct du pouvoir. Dans les situations graves et délicates, les questions étaient surtout traitées avec les ministres desquelles elles relevaient directement, et sans la participation de leurs collègues. Sous Louis XIV, qui gouvernait par lui-même, tous les ministres n'avaient pas l'entrée dans tous les conseils. Lorsque, en octobre 1859, M. Cobden vint, sur l'invitation privée de M. Michel Chevalier, proposer à l'Empereur l'abolition du régime prohibitif des douanes, on crut prudent, pour la réussite de cette grande réforme, d'en arrêter les principes avant d'en divulguer les détails. Quatre personnes seules furent d'abord initiées à la négociation : M. Rouher, M. Baroche, M. Fould et M. Drouyn de Lhuys. On se cacha surtout des bureaux de M. Rouher, engagés dans les doctrines du système prohibitif ; et M. Magne lui-même, malgré la confiance de l'Empereur, n'apprit le traité qu'en plein conseil, lorsqu'il lui fut communiqué.

Il en avait, d'ailleurs, été de même en Angleterre. Les négociations de la réforme commerciale y restèrent concentrées entre quatre personnes, deux dans le cabinet, lord Palmerston et M. Gladstone, et deux dans la Chambre des communes, M. Cobden et M. Bright.

Cet exercice du pouvoir personnel, exclusivement éclairé et secondé, dans les entreprises graves, par les personnes qui doivent en être les agents, est, pour la plupart d'entre elles, la condition du succès. Je raconterai comment le secret de l'heure et des moyens d'exécution du 2 décembre ne fut confié qu'au nombre strict des personnes qui devaient en être les acteurs nécessaires, et à l'heure même fixée pour l'action.

C'est par l'application de ce système général de gouvernement que j'eus l'honneur d'être directement associé, comme journaliste, à côté et en dehors de l'action ministérielle, à quelques actes qui viendront à leur place dans ces *Souvenirs*, et parmi lesquels je mentionnerai dès à présent : au mois de février 1851, la proposition de doter les vieux soldats ; au mois de janvier 1852, l'annulation, comme entachée d'illégalité, de la donation faite, le 7 août 1830, par le roi Louis-Philippe, au profit de ses enfants puînés, des biens dévolus au Trésor par leur nature ; au mois de septembre de la même année, de l'appel fait à l'opinion publique, sur le rétablissement de l'Empire.

Besogne peut-être plus délicate encore, j'eus à écrire, en 1867, sur des notes manuscrites de l'Empereur, développées dans une série d'entretiens personnels, cinq articles destinés à inaugurer la publication du nouveau journal *l'Étendard*, dont la rédaction fut confiée à M. Vitu. Il faut bien le dire, ces articles étaient destinés, dans la pensée de l'Empereur, non pas précisément à attaquer ses ministres, mais à rectifier, par un avertissement discret, indirectement donné, certaines déviations qu'il croyait trouver dans la marche générale des affaires.

La première condition de l'efficacité de cet avertissement, c'était naturellement le secret le plus absolu sur son origine. M. Vitu lui-même, qui devait publier ces articles, les reçut composés en épreuves par l'imprimerie impériale ; et ce n'est que neuf ans plus tard qu'il a appris de moi-même quelle avait été leur véritable source. M. Conti seul était dans la confidence, et, en allant tous les deux jours lire l'un des articles aux Tuileries, je rapportais à l'Empereur les notes manuscrites sur lesquelles je les avais rédigés.

Des notes diverses de ce genre qui, pendant dix-huit ans me furent ainsi remises pour me guider dans mon travail, j'en ai conservé plusieurs, notamment une écrite sous mes yeux, à Saint-Cloud, lorsque l'Empereur, arrivé la veille de Villafranca, m'ordonna d'exprimer, dans un article du *Constitutionnel*, l'amertume des sentiments que déposait déjà dans son cœur l'ingratitude de l'Italie.

Toutefois, ce travail, fait sur des notes, c'était l'exception dans les questions auxquelles l'Empereur me faisait l'honneur de m'associer. La règle la plus générale, c'était la conversation. Celle de l'Empereur était familière et habituellement gaie ; et lorsque une gauloiserie lui venait à l'esprit, il ne la retranchait pas, quelque salée qu'elle pût être. Il m'en dit qui auraient fait sourire Rabelais.

Un soir, c'était le 5 ou le 6 juin 1852, il y avait réception à l'Élysée, et le Prince, assis sur un canapé, et prenant une glace, me fit signe du regard d'aller m'asseoir auprès de lui. « Demandez une glace, me dit-il, et donnez-vous une contenance en la prenant, pendant que je vais vous gronder. L'ambassadeur de Belgique est venu se plaindre à mon ministre des affaires étrangères, au sujet d'un article du *Constitutionnel*, où vous m'avez un peu trop découvert. Vous êtes la réserve même, et c'est la première imprudence qui vous ait échappé; mais enfin, elle est commise et je dois une satisfaction. Si j'étais une jolie femme, et que mon mari soupçonnât que vous êtes mon amant, la conservation de nos rapports exigerait une rupture apparente. Eh bien! soyons brouillés pendant quelques jours, pour faire tomber les soupçons. Je crois que vous êtes invité à dîner pour demain; ne venez pas. Vous vous rattraperez plus tard. »

J'avais pour obligation, qui fut toujours observée, d'aller lire tout travail important qui m'avait été demandé. Quelquefois, l'Empereur dessinait, en m'écoutant, et quelquefois il marchait dans son cabinet. Lorsque c'était spécialement sérieux ou délicat, il s'asseyait sur un fauteuil, fumant ces petites cigarettes à papier bleu ou rose, dont il faisait une si grande consommation, et qu'il jetait après deux ou trois gorgées. Je le trouvai un jour dans son cabinet des Tuileries, assis et le crayon à la main devant une table carrée, que couvrait une grande feuille de papier à dessiner. « Asseyez-vous, me dit-il, et commencez votre lecture, pendant qu'en vous écoutant je vais achever le contour de cette pelouse. — Mais, Sire, lui dis-je, est-ce que ce château, ce parc, ces bois, ce n'est pas Vincennes ? — Oui, me répondit-il ; c'est moi qui ai dessiné aussi le bois de Boulogne, ses pelouses, ses cascades qu'Haussmann n'a fait qu'exécuter ; et maintenant vous me voyez en train de transformer le bois de Vincennes. Il est bien juste que le faubourg Saint-Antoine ait aussi son Hyde-Park, sans être obligé d'aller le chercher à l'autre extrémité de Paris. »

Je confesse, en toute franchise, que je n'ai jamais abordé ces lectures sans émotion, parce que je me sentais devant un juge. Pendant ma courte conversation avec M. Gambetta sur l'Empereur, il parut étonné lorsque je lui avouai que je n'étais jamais allé lui lire un travail, sans être, comme on dit, dans mes petits souliers.

L'Empereur étant essentiellement bon, doux et poli, la conversation me laissait avec lui tout à mon aise. Il n'en était pas de même des lectures, où j'avais affaire à un savant et à un lettré, dont le suffrage était aussi précieux que difficile. Il en avait été ainsi avec M. Guizot, dont j'avais été près de quinze ans le collaborateur. Avec lui, je ne travaillais pas sur des notes ; il m'expliquait son idée avec la concision habituelle de son langage ; et, le lendemain, lorsque j'avais bien réussi, dans le *Globe*, une plaisanterie ou un sarcasme, il en riait aux larmes, avec Génie et avec moi.

Après le 2 décembre, j'eus un jour à l'Élysée un succès de lecture, que je ne me rappelle jamais sans plaisir. J'apportais un article particulièrement délicat, sur lequel j'aurai à revenir plus tard. Le Prince, assis en face de moi, écoutait attentivement, en fumant ses cigarettes roses. Il n'interrompait jamais. Sa manière d'être ému ou de témoigner son émotion, c'était de se lever de son fauteuil et d'aller un peu plus loin s'asseoir sur un autre. Je lui fis faire le tour du cabinet. Le soir, M. Mocquard me dit : « Que diable avez-vous lu au Prince ? Il ne peut pas s'en taire depuis ce matin. »

J'espère qu'on me permettra de consigner ici deux témoignages de cette collaboration, et je les divise de manière à montrer l'esprit de réflexion et de prudence avec lequel l'Empereur se servait de la presse. Plein d'ardeur lorsqu'une idée jaillissait de son esprit, il me communiquait d'abord sa fermeté ou sa passion ; mais, bientôt après, il revenait en lui-même sur les résolutions prises ; son esprit plus calme pesait la portée de la publication, et il la modifiait ou l'ajournait, selon les résultats donnés par son examen.

Un jour du mois de septembre 1856, pendant une promenade dans le parc de Biarritz, la conversation était tombée sur les idées qui s'attachaient au drapeau, soit pour les nations, soit pour les armées, soit pour les dynasties. Chacun avait apporté et développé son aperçu ; le cadre général s'était étendu et précisé ; finalement, l'Empereur fut d'avis qu'il y avait là une belle page à écrire, et il m'ordonna de m'en occuper dès que je serais rentré chez moi, car j'étais venu à la villa pour prendre congé.

La semaine suivante, je recevais la lettre suivante :

« Biarritz, 26 septembre 1856.

« Mon cher monsieur Granier de Cassagnac,

« L'Empereur attend votre article sur le drapeau, afin

de le lire avant sa publication, et, au besoin même, de réfléchir encore sur son opportunité.

« Sa Majesté désire également qu'il ne paraisse pas d'article sur Biarritz.

« Mille amitiés.

« MOCQUARD. »

Le second témoignage que j'ai à citer se rapporte à une matière plus grave et plus triste. C'était presque, jour pour jour, vingt et un ans plus tard. J'avais envoyé à l'Empereur, en Angleterre, l'épreuve d'une brochure sur Sedan, dont les principes avaient été arrêtés en commun, et dont les détails m'avaient été fournis par lui. J'aurai à revenir plus tard sur ce travail.

Appuyé sur les faits, et éclairé par ses propres indications, j'avais été sévère pour de hautes responsabilités. Soit bonté personnelle, soit indulgence inspirée par le malheur, l'Empereur me renvoya l'épreuve, avec deux grandes pages de corrections qu'accompagnait la lettre suivante :

« Torquay, le 22 septembre 1871.

« Mon cher monsieur Granier de Cassagnac,

« J'ai lu avec un vif intérêt votre brochure, et je rends justice au talent et au patriotisme de l'écrivain, mais il y a des changements que je réclame impérieusement de votre dévouement.

« Il faut dans un parti, comme dans l'armée, de la discipline. Il est donc essentiel que vous défériez à ce que je crois utile pour la cause que je représente.

« D'ailleurs, les changements que je réclame n'ôteront rien à l'intérêt de votre travail; et vous m'avez donné tant de preuves de votre dévouement, que je suis sûr que mes observations ne vous choqueront pas.

« Recevez la nouvelle assurance de mes sentiments d'amitié.

« NAPOLÉON. »

Je crois superflu d'ajouter que les indications de l'Empereur furent respectueusement suivies.

XIII

LE PRINCE CONSULTE L'ESPRIT DES PROVINCES

Voyages du Prince à Lyon, à Strasbourg, à Reims, à Caen et à Cherbourg. — Adhésion ardente que soulève sa politique. — De retour à Paris, il convie l'Assemblée, par son message du 12 novembre, à une action commune et loyale pour la pacification du pays.

L'hostilité flagrante des anciens partis, coalisés contre le Prince dans l'Assemblée, lui faisait un devoir de vulgaire prudence de chercher un point d'appui dans l'opinion publique, pour résister à ses adversaires et pour les combattre au besoin. Il pouvait compter sur les populations des campagnes, et le prestige de son nom lui permettrait d'espérer même le concours du peuple des grandes villes.

Cette nécessité de se défendre lui inspira le dessein de faire un voyage en Bourgogne, en Alsace et en Normandie ; et les banquets qui lui furent offerts lui servirent comme d'autant de tribunes, d'où il fit rayonner sa parole, dont on ne connaissait pas encore l'éclat et la fermeté. Ce fut une révélation, en fait d'éloquence politique. On n'avait pas encore entendu un chef d'État, développant d'aussi nobles idées en un aussi magnifique langage.

Cette série de discours ouvrit les yeux à la France, qui put comparer les doctrines fécondes du chef qu'elle s'était donné aux stériles déclamations des orateurs parlementaires. Partout il témoigna de sa ferme volonté de rester dans la Constitution, tout en laissant percer le courage nécessaire pour en sortir, si le salut de la France l'exigeait et si le peuple le lui demandait.

Voici comment, le 15 août 1850, il s'exprimait au banquet de Lyon :

« Je ne suis pas venu dans ces contrées, où l'Empereur, mon oncle, a laissé de si profondes traces, afin de recueillir seulement des ovations et de passer des revues. Le but de mon voyage est, par ma présence, d'encourager les bons, de ramener les esprits égarés, de juger par moi-même des sentiments et des besoins du pays. La tâche que j'ai à accomplir exige votre concours, et pour que ce concours me soit complètement acquis, je dois vous dire avec franchise ce que je suis et ce que je veux.

« Je suis, non pas le représentant d'un parti, mais le représentant des deux grandes manifestations nationales qui, en 1804 et en 1848, ont voulu sauver par l'ordre les grands principes de la Révolution française. Fier de mon origine et de mon drapeau, je leur resterai fidèle ; je serai tout entier au pays, quelque chose qu'il exige de moi, ABNÉGATION OU PERSÉVÉRANCE.

« Des bruits de coup d'État sont peut-être venus jusqu'à vous ; mais vous n'y avez pas ajouté foi, je vous en remercie. Les surprises et les usurpations peuvent être le rêve des partis sans appui dans la nation ; mais l'Élu de six millions de suffrages exécute les volontés du peuple, il ne les trahit pas. Le patriotisme, je le répète, peut consister dans l'abnégation, comme dans la persévérance.

« Devant un danger général, toute ambition personnelle doit disparaître ; en cela, le patriotisme se reconnait, comme on reconnaît la maternité dans un jugement célèbre. Vous vous souvenez de ces deux femmes réclamant le même enfant. A quel signe reconnait-on la véritable mère ? Au renoncement à ses droits, que lui arrache le péril d'un tête chérie. Que les partis qui aiment la France n'oublient pas cette sublime leçon. Moi-même, s'il le faut, je m'en souviendrai. Mais, d'un autre côté, si des prétentions coupables se ranimaient et menaçaient le repos de la France, je saurais les réduire à l'impuissance en invoquant encore la souveraineté du peuple, car je ne reconnais à personne le droit de se dire son représentant plus que moi. »

Telle était alors sa politique, hardie, résolue, mais loyale, et qu'il résumait ainsi, à Reims, en rentrant à Paris :

« Notre pays ne veut que l'ordre, la religion, et une sage liberté. Partout, j'ai pu m'en convaincre, le nombre des agitateurs est infiniment petit, et le nombre des bons citoyens infiniment grand. Dieu veuille qu'ils ne se divisent pas. »

Ce langage trouva partout de l'écho, parce qu'il était l'expression fidèle du sentiment des populations. Il excita les récriminations violentes des chefs parlementaires, parce qu'ils voyaient bien que le pays leur échappait, et que la tribune était débordée par les grands courants populaires.

A la rentrée de l'assemblée, le 12 novembre 1850, le Prince revenait fortifié par l'acclamation des villes et des campagnes qu'il avait visitées. C'est au nom de cette force, qui le rendait maître de lui et des autres, qu'il offrit une loyale alliance aux anciens partis, et qu'il les convia de concourir avec lui à la pacification du pays, sans autre préoccupation et sans autre but que le bien de tous.

Voici comment il s'exprimait :

« J'ai souvent déclaré, lorsque l'occasion s'est offerte d'exprimer publiquement ma pensée, que je considérerais comme de grands coupables ceux qui, par ambition personnelle, compromettraient le peu de stabilité que nous garantit la Constitution. C'est ma conviction profonde. Elle n'a jamais été ébranlée. Les ennemis seuls de la tranquillité publique ont pu dénaturer les plus simples démarches qui naissent de ma situation.

« Comme premier magistrat de la République, j'étais obligé de me mettre en relations avec le clergé, la magistrature, les agriculteurs, les industriels, l'administration, l'armée... C'est un service, j'ose le dire, que je crois avoir rendu au pays car j'ai toujours fait tourner au profit de l'ordre mon influence personnelle.

« La règle invariable de ma vie politique sera, dans toutes les circonstances, de faire mon devoir, rien que mon devoir.

« Il est aujourd'hui permis à tout le monde, *excepté à moi*, de vouloir hâter la révision de notre loi fondamentale. Si la Constitution renferme des vices et des dangers, vous êtes tous libres de les faire ressortir aux yeux du pays. Moi seul, *lié par mon serment*, je me renferme dans les strictes limites qu'elle a tracées.

« Les conseils généraux ont, en grand nombre, émis le vœu de la révision de la Constitution. Ce vœu ne s'adresse qu'au pouvoir législatif. Quant à moi, élu du peuple, ne relevant que de lui, je me conformerai toujours à sa volonté, légalement exprimée.

« Mais quelles que puissent être les solutions de l'avenir, entendons-nous, afin que ce ne soit jamais la passion, la surprise, la violence qui décident du sort d'une grande nation ; inspirons au peuple l'amour du repos, en mettant du calme dans nos délibérations ; inspirons-lui la religion du droit, en ne nous en écartant jamais nous-mêmes ; et alors, croyons-le, le progrès des mœurs politiques compensera le danger des institutions créées dans *des jours de défiance* et d'incertitude.

« Le but le plus noble et le plus digne d'une âme élevée n'est pas de rechercher, quand on est au pouvoir, par quels expédients on s'y perpétuera, mais de veiller sans cesse aux moyens de consolider, à l'avantage de tous, les principes d'autorité et de morale qui défient les passions des hommes et l'instabilité des lois.

« Je vous ai loyalement ouvert mon cœur ; vous répondrez à ma franchise par votre confiance, à mes bonnes intentions par votre concours, et Dieu fera le reste. »

Ce langage était la sincère expression de la pensée du Prince. Il voulait faire le bien du pays, malgré les vices de la Constitution, qui avait été, en partie, faite contre lui.

Ainsi, le serment avait été aboli pour tout le monde, le 25 février 1848 ; on le rétablit, dans l'article 48 de la Constitution, pour le président de la République ; pourquoi ? M. le général Cavaignac, dans la discussion sur la proposition de révision, avoua à la tribune que le serment avait été un acte de défiance contre le prince Louis-Napoléon, dont la candidature était prévue et redoutée.

Ainsi encore, l'article 43 exigea que le Président *n'eût jamais perdu* sa qualité de Français. C'était une réserve pour le cas où une petite majorité permettrait de recourir à des chicanes, et de rappeler que le Prince avait été capitaine d'artillerie dans la milice d'un canton suisse. Les six millions de voix du 10 décembre firent évanouir cet argument. Je le répète, jusqu'à la fin de 1850, le Prince n'eut jamais la pensée de recourir à un coup d'État ; il comptait sur la reconnaissance du peuple.

Comment l'Assemblée répondit-elle à cet appel ? En foulant aux pieds les vœux des conseils généraux, qui demandaient la révision de la Constitution en vue de proroger le gouvernement du Prince, et en soutenant tous ceux qui conspiraient et contre son pouvoir et contre sa sécurité personnelle.

XIV

LUTTE OUVERTE DE L'ASSEMBLÉE ET CONSPIRATIONS CONTRE LE PRINCE

Vérités que met en lumière le rejet de la révision. — La France la voulait, les vieux partis ne la voulaient pas. — Réaction des conseils généraux qui persistent à vouloir la révision. — Le refus de l'Assemblée rend sa dissolution nécessaire, pour arriver à un plébiscite. — Ceux qui ont offert au Prince une usurpation, lui refusent une élection légale. — Confidences que le Prince me fait à ce sujet. — Offres du général Changarnier, de M. Thiers, de M. Molé. — Lettre de M. J. Clary attestant les offres du général Changarnier. — Le Prince se résout, dès le mois d'août 1851, à opérer un plébiscite, en dissolvant l'Assemblée. — Il y est obligé par les conspirations ourdies contre sa personne. — Conspiration de Satory. — Récit de Félix Solar. — Intrigue de la rue des Saussayes. — Terreur de M. Dupin. — Le Prince rassure M. Rouher. — Conspiration de M. Thiers, aux Tuileries. — Elle est révélée au Prince par M. Molé.

Le vote de l'Assemblée, sur la révision de la Constitution, rejetée le 20 juillet 1851, mit bien en évidence ces deux choses :

La France voulait la continuation des pouvoirs du Prince.

Les vieux partis ne la voulaient pas.

En effet, le sentiment général du pays s'était affirmé de la façon la plus péremptoire. Du 5 mai au

30 juin, des pétitionnaires au nombre de *un million cent vingt-trois mille six cent vingt-cinq* avaient demandé que la Constitution fût révisée. Du 30 juin au 20 juillet, *trois cent mille* pétitionnaires nouveaux se réunirent aux anciens. Le rapport de M. de Melun, fait au nom de l'Assemblée, constata ces faits. De leur côté, M. le duc de Broglie et *deux cent trente-deux* de ses amis demandèrent la révision par une pétition collective, où il était dit que « ces représentants du peuple voulaient rendre à la nation le plein exercice de sa souveraineté ».

Le 20 juillet, l'Assemblée appuya ces vœux par 446 voix contre 278 qui les repoussèrent; mais comme l'article 111 de la Constitution exigeait les *trois quarts* des voix, c'est-à-dire 543 sur une Assemblée de 750 membres pour que le vote fût valable, la révision se trouva rejetée.

Ce furent 220 républicains, appuyés par 58 orléanistes, qui amenèrent ce résultat.

Sous le coup de ce déni de justice, le sentiment public se révolta. Les conseils généraux se réunirent en session ordinaire au mois d'août; ils n'étaient que 85, celui de la Seine étant remplacé par une commission, et voici leur vote :

80 demandèrent la révision ;

2 s'y opposèrent ;

3 s'abstinrent.

C'était donc bien clair; la France voulait réviser la Constitution, pour renouveler en 1852 les pouvoirs du Prince. Abrités derrière l'article 111, 220 républicains et 58 parlementaires s'y opposèrent.

Un tel état de choses imposait un choix et une décision à l'élu du 10 décembre. Devait-il, porté au pouvoir par six millions de suffrages, laisser une minorité opprimer une majorité? Devait-il admettre que 278 députés fissent la loi à 446 ? Devait-il tolérer que 2 conseils généraux tinssent en échec les 80 qui la demandaient, et les 3 qui ne la repoussaient pas?

Le Prince ne le crut pas. Porté par toutes les majorités, il considéra comme un devoir de les défendre. Il ne visait d'ailleurs à aucune usurpation. Il n'aspirait qu'à donner la parole à la France. N'avait-il pas dit, le 15 août 1850, au banquet de Lyon : « Les surprises et les usurpations peuvent être le fait des partis sans appui dans la nation ; l'élu de 6 millions de suffrages exécute les volontés du peuple et ne les trahit pas. »

Or, pour exécuter les volontés du peuple, il fallait lui donner les moyens de les exprimer, et de procéder à un plébiscite.

Deux voies auraient pu conduire à ce but : procéder à la révision avec le concours de l'Assemblée, si elle l'accordait; y procéder sans son concours, si elle le refusait. Le vote du 20 juillet fermait la première voie ; il ne restait donc plus que la seconde.

« Chose étrange, me dit un jour le Prince, ils me refusent une réélection légale, et ils m'ont offert l'usurpation ! »

Et comme j'accueillais cette confidence avec surprise, le prince continua :

« Oui, dit-il, le général Changarnier m'a offert de me conduire aux Tuileries, et de m'aider à me faire moi-même empereur. C'était en 1849, après l'apaisement de l'inquiétude causée par la mutinerie de quelques gardes mobiles. Le général, un peu échauffé par l'opinion publique, très favorable à l'établissement d'un pouvoir ferme et concentré, me pressa vivement de le laisser faire. Je refusai. Je ne veux pas usurper, et la gloire d'être la branche cadette du suffrage universel ne me tente pas. Le général fut désolé. Il disait le lendemain aux officiers et aux généraux, dans son salon, que j'avais manqué une belle occasion, et que peut-être je n'en retrouverais pas une pareille. Il ajoutait, paraît-il, qu'il lui était aussi facile de rétablir l'Empire, que de faire un cornet de bonbons.

« Thiers m'a offert, non pas de me faire empereur, mais de proroger mes pouvoirs pour dix ans, ce qui serait violer aussi la Constitution. C'était sous le ministère parlementaire de Barrot, de Dufaure et de Falloux. Thiers, qui les inspirait, et qui espérait me conduire par eux, me proposa cette prorogation. Il disait même presque publiquement à ses amis, qu'il le fallait; que ce serait sans doute une terrible journée dans Paris; mais qu'il y était résolu.

« Enfin, Molé, que je ne confonds pas avec les deux autres, et qui m'a même loyalement prévenu des complots tramés contre ma personne, Molé ne m'a rien offert, mais il a hautement déclaré, à moi et à tout le monde, que le rétablissement de l'Empire était le seul moyen d'arracher la France au désordre, et il montrait une lettre de lord Lindhurst, qui exprimait la même opinion.

« Si j'étais un vulgaire ambitieux, je serais sur le

trône; on me fait un crime de ne vouloir accepter que du peuple un pouvoir que des particuliers m'ont offert. Mais je ne les crains pas, et la volonté du peuple prévaudra, qu'ils le veuillent ou non. »

Plus tard, le général Changarnier protesta publiquement contre la proposition qu'il avait faite au Prince de le conduire lui-même aux Tuileries. J'eus l'occasion, en 1857, de causer de cette circonstance avec un chef de bataillon des mobiles, le vicomte Justinien Clary, qui, présent à la réception du général Changarnier, avait, comme la plupart des officiers, entendu sa déclaration. Il voulut bien, sur ma demande, m'adresser son témoignage formel, que je publie aujourd'hui pour la première fois :

« Monsieur et collègue,

« Vous venez faire appel à mes souvenirs en faveur de l'histoire. Bien qu'il me soit pénible, dans cette circonstance, de voir citer mon nom à côté de celui d'un homme que j'estime comme le général Changarnier, que je serais heureux de voir rentrer en France, je n'hésite pas à rapporter les paroles que j'ai entendu prononcer, aux Tuileries, quelques jours après le 29 janvier 1849, par le général :

« Le prince a manqué une belle occasion pour aller
« aux Tuileries. »

« Telle est l'exacte vérité.
« Agréez, etc.
  « Vicomte J. Clary.
    « Ce 12 juillet 1857. »

Le rejet de la révision de la Constitution fixa la résolution du Prince ; et, dès le 1ᵉʳ août, l'étude des moyens pratiques d'arriver à un plébiscite était arrêtée dans son esprit.

Deux motifs l'y avaient déterminé : les engagements publics qu'il avait pris avec les populations et les conspirations tramées contre sa personne.

Le 15 août 1850, il avait dit au banquet de Lyon : « Je serai tout entier au pays, quelque chose qu'il exige de moi, *abnégation* ou *persévérance*. Si des prétentions coupables menaçaient de compromettre le repos de la France, je saurais les réduire à l'impuissance, *en invoquant encore la souveraineté du peuple*, car je ne reconnais à personne le droit de se dire son représentant plus que moi. »

Le 4 septembre, il avait dit au banquet de Caen : « Si des jours orageux devaient reparaître, et que *le peuple voulût imposer un nouveau fardeau au chef du gouvernement, ce chef serait bien coupable de déserter cette haute mission.* »

Le 12 juin 1851, il venait de dire au banquet de Dijon : « D'un bout à l'autre de la France, des pétitions se signent pour demander la révision de la Constitution. *Si la France reconnaît qu'on n'a pas eu le droit de disposer d'elle sans elle, elle n'a qu'à le dire ;* mon courage et mon énergie ne lui manqueront pas. Quels que soient les devoirs que le pays m'impose, *ils me trouveront disposé à suivre sa volonté.* »

Or, en demandant que la Constitution fût révisée, 446 députés contre 278, et 80 conseils généraux contre 2, venaient de déclarer qu'on avait disposé de la France sans elle; le Prince se trouvait donc engagé à *suivre*, c'est-à-dire à faire prévaloir sa volonté.

La seconde raison qui déterminait le Prince à agir sans trop de retard, c'était la conspiration tramée contre sa liberté, et qui, par conséquent, s'attaquait aussi à son pouvoir. Cette conspiration était permanente, depuis une année ; et je vais en donner les détails, ainsi que les preuves, en citant mes témoins, dont un est encore plein de vie, M. Rouher.

La conspiration contre la personne du Prince était déjà mûre, au commencement de l'été de 1850, pendant la prorogation de l'Assemblée, qui s'ajourna du 11 août au 4 novembre, et l'exécution en fut fixée au 10 octobre, jour où devait être passée, sur le plateau de Satory, près de Versailles, une grande revue des troupes de la 1re division militaire, comprenant trois régiments d'infanterie, un bataillon de chasseurs à pied et quarante-huit escadrons de cavalerie. Toutes ces troupes étaient sous le commandement supérieur du général Changarnier.

Dès huit heures du matin, tous les curieux de Paris, hommes et femmes, étaient en route pour Versailles. De vastes tribunes s'élevaient sur le point culminant du plateau de Satory. Elles furent bientôt remplies. La commission de permanence de l'Assemblée y assistait. Il n'y manquait pas un journaliste. Si toute la rédaction du *Constitutionnel* s'y était rendue, il ne faut pas le demander. M. Véron y avait même amené un des convives les plus aimables de nos dîners politiques, la belle et célèbre danseuse italienne Cerrito. Il y avait dans l'air quelque chose de vague et de grave, et l'on venait voir l'événement inconnu, quel qu'il fût.

A l'extrémité droite de la ligne des tribunes, à leur pied, et aux premiers rangs de divers groupes qui n'avaient pas pu ou qui n'avaient pas voulu y prendre place, se tenaient plusieurs jeunes hommes, ardents, résolus, mêlés aux luttes de la presse, et parmi lesquels je connaissais particulièrement Eugène Forcade, alors rédacteur de la *Patrie*, plus tard de la *Revue des Deux-Mondes ;* Lireux, mon ancien feuilletoniste de l'*Époque*, et Félix Solar, mon ancien collaborateur du *Globe*. Lireux était chaud républicain, quoiqu'il rédigeât alors le feuilleton du *Constitutionnel*. Forcade était orléaniste, et Solar appartenait à l'ancienne école parlementaire de Fonfrède. Ils étaient tous les trois de la conspiration contre le Prince, et ils étaient venus à la revue armés.

L'attente générale était anxieuse, et une véritable émotion gagna tout le monde, au commencement du défilé. Le Prince était venu prendre place à environ quarante mètres des tribunes, faisant face aux spectateurs. Le général Changarnier était un peu en arrière, à sa droite, et il faisait face au groupe devant lequel se trouvaient Lireux, Forcade et Solar.

Lorsque les premiers bataillons d'infanterie s'avancèrent, nous nous attendions aux cris de *Vive Napoléon!* qu'à toutes les revues précédentes les troupes avaient poussés avec énergie. Les bataillons, du premier au dernier, défilèrent en silence. Il y avait là un mystère ; nous étions inquiets. Pendant que nous nous demandions entre nous la cause de ce silence glacial de l'infanterie, la cavalerie arriva. Le colonel commandant le premier escadron, se dressant sur ses étriers et se retournant vers ses soldats, poussa un cri énergique de *Vive Napoléon!* Tous ses cavaliers le répétèrent ; le charme était rompu, et, pendant un gros quart d'heure, ce fut un immense hourra qui dominait sur le plateau. Lorsque les cavaliers du colonel de Montalembert arrivèrent, ce fut bien autre chose encore. Le colonel poussa le cri de : *Vive l'Empereur !* et son régiment le répéta avec enthousiasme.

Que s'était-il donc passé ? Le voici : la cavalerie avait crié, parce qu'elle avait été laissée à elle-même ; et l'infanterie s'était tue, parce qu'elle avait reçu l'ordre de garder le silence. La guerre ouverte commençait avec le général Changarnier. Il devra être remplacé le 9 janvier suivant.

Mais ce n'était encore là que la partie la moins grave du mystère. Voici l'autre, telle qu'en 1857 Félix Solar, devenu bonapartiste en devenant cinq ou six fois millionnaire, grâce à la prospérité générale, me la raconta dans mon cabinet, en m'autorisant à la répéter à l'Empereur. Le général Changarnier était alors retiré à Malines ; Auguste Lireux ne s'occupait plus que d'affaires, et Eugène Forcade rédigeait des journaux financiers.

« Un mois au moins avant la revue de Satory, le général Changarnier avait consenti à discuter la proposition d'enlever le prince et de le mettre à Vincennes, en attendant que l'Assemblée prononçât sa déchéance. Cette proposition avait été discutée avec deux groupes, l'un composé d'hommes politiques, l'autre de jeunes gens, mêlés pour la plupart aux luttes de la presse, et dont les plus actifs étaient Félix Solar, Eugène Forcade et Auguste Lireux. Ces deux groupes n'avaient jamais délibéré ensemble; et Solar ne connaissait bien des projets du général que la partie examinée avec les journalistes.

« Le général, auquel le projet paraissait sourire, avait longtemps hésité à l'accepter. — Dix fois, disait Solar, il avait ceint son épée, faisant mine de partir pour l'Élysée; mais cette chaleur se dissipait aussi rapidement qu'elle était venue, et nous le voyions retomber dans ses irrésolutions. Nous finîmes par lui proposer de nous charger nous-mêmes de la besogne; il accepta, et il fut convenu que l'enlèvement aurait lieu après la revue de Satory, au milieu de la confusion qui suivait toujours la fin du défilé des troupes. Placés en face du général, il nous confirmerait par son regard dans l'exécution du projet.

« Pendant le défilé silencieux de l'infanterie, nous échangeâmes en effet des regards avec le général; mais, à partir du premier cri de la cavalerie, il détourna la vue, et nos yeux ne parvinrent plus à rencontrer les siens. Nous partîmes furieux, bien convaincus que le général, plein de bravoure dans une action régulière, n'avait pas l'audace aventureuse nécessaire à un coup de main. Les soldats le suivaient dans la défense de la cause commune, mais il ne les eût pas entraînés dans la défense de sa cause personnelle. »

Pendant mon récit, fait, comme je l'ai dit, avec l'autorisation de Solar, l'Empereur continuait, en souriant, ce dessin du bois de Vincennes, dont j'ai parlé. Lorsque j'eus fini, il me dit, sans s'interrompre : « Je le savais ; Molé m'avait prévenu, et j'avais garde à carreau. Changarnier eut en effet la faiblesse de se laisser faire mon rival ; mais je ne crois pas qu'il ait été jamais et sérieusement mon ennemi. C'est un homme d'une intelligence élevée ; l'idée des grands commandements militaires est de lui, et j'ai toujours regretté les circonstances qui nous ont séparés. »

Après un instant de silence, l'Empereur continua ; et je me borne à copier une note écrite chez moi, en sortant de son cabinet. Elle est ainsi conçue :

L'Empereur m'a dit : « Changarnier s'est perdu par une vanité excessive, qui n'était pas justifiée par les actions.

« Quand il a parlé de *son épée habituée à vaincre*, on s'est moqué de lui avec raison. Il y a ainsi, dans la vie de l'Empereur, des mots qui seraient ridicules s'il les avait prononcés avant ses grandes victoires.

« Je cherchais volontiers à produire Changarnier, et à le faire briller. Un jour, après un dîner auquel j'avais réuni les officiers généraux de l'armée de Paris, je lui dis : « Général, racontez-nous donc votre affaire du « 16 avril, à l'Hôtel-de-Ville. » C'était au moins la dixième fois qu'il me la racontait.

« Lorsque j'eus distribué les soldats dans les divers
« postes, dit-il, Lamartine demanda qui allait prendre le
« commandement. Valazé répondit (c'était l'aide de camp
« du général) : « Partout où est le général Changarnier, il
« n'y a que lui qui commande ».

« Ainsi, il me jetait ce pavé à la tête, chez moi, lorsque je n'étais occupé qu'à le faire valoir. »

Telle est la première information que j'ai personnellement recueillie sur la conspiration tramée contre le prince Louis-Napoléon, pendant la présidence ; d'autres m'ont été directement affirmées par M. Rouher, et confirmées par M. Dupin aîné. Il importe à l'histoire que ces machinations soient connues, pendant que la personne de M. Rouher peut encore, au besoin, servir de caution à son témoignage.

Félix Solar avait eu raison de dire que le général Changarnier, excellent pour exécuter des ordres régulièrement reçus, manquait de l'audace un peu aventureuse nécessaire à un coup de main. C'est pour mettre à sa disposition une force régulière, indépendante du chef de l'État, et destinée en apparence à défendre l'Assemblée, qu'on imagina le ridicule complot de la rue des Saussaies, révélé par le *Journal des Débats*, le 8 novembre 1850, et qui, d'après cette révélation, avait pour but l'assassinat de M. Dupin aîné, président de l'Assemblée, et celui du général Changarnier, tous deux considérés comme le plus grand obstacle à l'accomplissement des desseins de l'Élysée.

En faisant peur à M. Dupin, très ferme magistrat, mais qui n'était pas téméraire de sa personne, on voulait le pousser à donner au général un blanc-seing plaçant sous ses ordres un corps de troupes ayant pour mission la défense de l'Assemblée et de son président.

M. Dupin eut la faiblese de croire à cette fable, dont tout Paris se moqua, et dont l'auteur, agent subalterne de police, nommé Allais, fut condamné à deux ans de prison par le tribunal correctionnel de la Seine, pour fausse révélation.

Donc, le soir même du jour où le prétendu complot fut dénoncé au comité de surveillance, le 7 novembre, à huit heures, M. Dupin se rendit chez M. Rouher, alors garde des sceaux, qui était à table avec sa famille, et lui raconta les horribles projets médités contre sa personne. M. Rouher essaya vainement de le rassurer; il fut obligé de quitter son dîner, et de l'accompagner chez M. Baroche, ministre de l'intérieur, auquel il raconta aussi le complot. Les protestations de M. Baroche eurent beau venir confirmer celles de son collègue, M. Dupin ne se retira qu'à moitié rassuré.

Très préoccupé de cet étrange incident, et craignant que M. Dupin, dominé par son trouble, finît par céder aux instances du général ou des membres les plus ardents de la commission de permanence, M. Rouher, avant de rentrer chez lui, crut devoir apporter ces détails à l'Élysée. Le Prince en écouta le récit avec le plus grand calme, et parut n'y attacher aucune importance. Impatienté de cette indifférence, qu'il trouvait dangereuse, le ministre insista avec quelque vivacité. Alors le Prince, le regardant avec fixité, et lui posant la main sur l'épaule, lui dit : « — Monsieur Rouher, vous êtes bien jeune ! Si l'on venait m'apprendre à l'instant même que le général Changarnier marche sur l'Élysée, avec les troupes qu'il commande aux Tuileries, j'irais au-devant de lui avec les chasseurs à pied qui me gardent, et ses soldats se réuniraient immédiatement aux miens.

Monsieur Rouher, ma destinée n'est pas encore accomplie : je serai empereur ! »

En me racontant cette scène, M. Rouher ajouta qu'il était resté surpris et très frappé du langage du Prince, lequel ne lui avait encore jamais laissé lire aussi avant dans ses desseins. Ce ne fut en effet que huit mois plus tard, au moins d'août suivant, qu'il y fut pleinement associé.

Je ne connaissais pas alors M. Dupin aîné. Il n'y avait eu entre nous qu'un échange de lettres, au sujet de son fameux article dans lequel il avait révisé le procès de Jésus-Christ, article que je révisai à mon tour dans la *Presse*, en prouvant que Jésus-Christ avait été condamné à mort, non par Ponce-Pilate, mais par Caïphe, et que Pilate, en sa qualité de procurateur de la Judée pour le gouvernement romain, s'était borné à autoriser l'exécution de la sentence. En 1856, travaillant à l'*Histoire du rétablissement de l'Empire*, je voulus avoir le cœur net sur la tentative du général Changarnier auprès de M. Dupin, en vue d'obtenir le blanc-seing à l'aide duquel il aurait eu à ses ordres les troupes nécessaires pour exécuter le vieux projet de Satory.

M. Dupin m'accueillit avec sa politesse brusque, mais franche, et me déclara qu'il avait en effet éconduit, au sujet de cette demande, d'abord le général Changarnier, au mois de novembre 1850, après la révélation d'Allais, et puis, un peu plus tard, M. le duc de Broglie lui-même. En somme, M. Dupin, esprit droit et formaliste, s'était refusé à sacrifier le Prince à des prétentions qui n'avaient pour elles ni la loyauté, ni la loi.

Il me laissa même voir, dans cette conversation, son

regret de n'avoir pu suivre jusqu'au bout la destinée du Prince, dont la vigueur et la franchise l'avaient séduit. Ancien membre du conseil privé du roi Louis-Philippe, il n'avait pu approuver les décrets du 22 janvier 1852, qui avaient annulé comme illégale la célèbre donation du 7 août 1830, et restitué au Trésor les biens personnels du roi. « Sans ces f... décrets, me dit-il avec la crudité habituelle de sa parole, je serais avec vous. » Nous étions alors au mois de juillet 1856. Pendant les vacances, j'allai saluer l'Empereur à Biarritz, et je lui racontai cette petite histoire. L'Empereur se mit à rire, et me dit : « Eh bien, ces f... décrets ne l'arrêtent plus ; je lui rends son poste à la Cour de cassation, et il accepte un siège au Sénat. »

Depuis cette époque, M. Dupin ne manqua pas une réception aux Tuileries. J'y recherchais sa conversation, qui était instructive ; et lorsqu'il fit imprimer son petit recueil de boutades et de bons mots, lancés de la tribune pendant sa présidence, il me fit l'honneur de m'en envoyer un exemplaire, que l'Empereur fut curieux de lire, et que je lui apportai.

Un dernier fait vint lever tous les doutes sur la fameuse conspiration de Satory, fait significatif et grave, car ce fut un échange de paroles entre M. Thiers et M. Rouher, au pied de la tribune de l'Assemblée nationale, le 10 janvier 1851.

Le général Changarnier avait été remplacé par le général Baraguey-d'Hilliers. Ce fut un événement à Paris, et surtout à l'Assemblée. M. de Rémusat demanda qu'il fût pris des mesures extraordinaires. Pendant la discussion, M. Thiers, placé dans un groupe au pied de la tribune, provoqua imprudemment M. Rouher, en lui demandant s'il connaissait la cause de la destitution du général Changarnier.

« Oui, répondit M. Rouher, je la connais, et je suis prêt à la porter à la tribune. Le général Changarnier a été destitué, parce que, réuni à M. de Lasteyrie, à M. de Lamoricière et à vous, il a conspiré aux Tuileries contre le pouvoir et contre la personne du président de la République. » Et M. Rouher ajouta à cette déclaration des détails tellement circonstanciés sur les causes qui avaient empêché les conspirateurs de se mettre d'accord, que M. Thiers s'écria : « Ah! c'est ce *polisson* de Molé qui vous l'a dit »; ajoutant ainsi une récrimination violente à un aveu ; mais M. Thiers n'accepta pas l'offre faite par M. Rouher, de porter l'explication à la tribune.

M. Rouher, de qui je tiens les circonstances et les termes de cette anecdote, en confirmerait au besoin l'exactitude. D'ailleurs, je les avais déjà publiquement fait connaître en 1874, trois ans avant la mort de M. Thiers.

Enfin, et pour épuiser les preuves relatives à la conspiration contre la personne du Prince, je rappellerai les paroles adressées par le célèbre démagogue Charles Lagrange à M. le général de Lamoricière, le 2 décembre 1851, lorsqu'ils se rencontrèrent à Mazas : « Eh bien ! général, nous voulions le f... dedans; mais c'est lui qui nous y met. »

J'ai copié moi-même ces paroles, au mois de décembre 1851, sur le procès-verbal du commissaire de police Boudrot, chargé de l'arrestation de Lagrange; procès-verbal officiel, dont M. de Maupas me donna personnellement communication.

Ainsi, bravé dans son pouvoir, menacé dans sa personne, appelé par le vœu général, le Prince-Président crut le moment venu d'en appeler au peuple. Décidé depuis longtemps quant au principe, il s'occupa des moyens dès le mois d'août 1851.

XV

UN APPEL AU PEUPLE S'IMPOSE

La persistance de la France à demander la révision et la persistance de la Chambre à la refuser, rendent un appel au peuple nécessaire. — Le Prince s'y prépare dès le mois d'août 1851. — Collaborateurs qu'il se donne. — M. de Persigny. — M. Mocquard. — M. Carlier. — Portrait de ces trois hommes. — Imprudences de M. Carlier, et leurs conséquences. — Conférence de Saint-Cloud, le 11 août 1851. — Ce qui s'y passa. — M. Carlier donne sa démission le 15 septembre. — Il me charge, le 16, d'aller la redemander au Prince.

L'éventualité d'un grand et décisif appel au peuple, avec ou, au besoin, sans le concours de l'Assemblée, ayant toujours préoccupé l'esprit du Prince, il était naturel qu'il eût groupé autour de lui des hommes dévoués, qui fussent les dépositaires et, s'il le fallait, les exécuteurs de ses desseins.

Trois hommes, à l'esprit entreprenant et au caractère résolu, étaient entrés d'eux-mêmes dans cette voie : c'étaient M. de Persigny, M. Mocquard et M. Carlier. Il n'avait pas été nécessaire de les enrôler. Tempéraments autoritaires, ils poussaient au rétablissement des institutions impériales avec autant de conviction et peut-être même avec plus de hâte que le prince lui-même.

M. Fialin de Persigny réunissait à un esprit élevé mais un peu mystique, jugeant plus sainement les choses idéales qu'il devinait que les choses réelles qu'il voyait, un caractère d'une grande honnêteté et des convictions personnelles qui s'exaltaient parfois jusqu'à l'emportement. Cette manière violente de vouloir ce qu'il croyait vrai et utile, l'empêchait quelquefois d'apprécier avec impartialité les obstacles qu'il rencontrait. Ses critiques revêtaient des formes acerbes, difficilement conciliables avec un dévouement aussi sincère et aussi éprouvé que le sien. Promptement et facilement lié avec moi, il m'ouvrait volontiers sa pensée. Activement mêlé à l'affaire de Strasbourg et au débarquement de Boulogne, il considérait un peu comme sienne la direction de la politique du prince; et je me crus plus d'une fois autorisé par notre amitié à faire rentrer dans les limites du respect un langage qui, dans des moments d'humeur, s'en écartait étrangement.

Porté à la méditation, peu propre à la pratique, doué d'une grande initiative, il conseillait plus sagement qu'il n'agissait, et ceux qui n'ont connu que ses actes, ont ignoré la meilleure partie de lui-même. Il décida, dans un conseil, la guerre de Crimée, approuvée et louée depuis par M. Thiers, comme ayant dissous la coalition européenne, contre laquelle Louis-Philippe s'était brisé. Il avait éloquemment développé cette thèse, que refuser aux vœux de l'armée une guerre raisonnable, c'était s'exposer à lui en accorder plus tard de déraisonnables, pour donner une légitime satisfaction à son amour de la gloire. De moitié dans tous les projets du Prince, il n'ignora aucun des préparatifs et des secrets du 2 décembre, excepté l'heure à laquelle il s'accomplirait. En effet, le Prince ne révéla cette heure qu'au nombre strict de personnes dont la collaboration directe était indispensable ; et quoique d'un dévouement à toute épreuve, M. de Persigny n'apprit l'événement de la bouche du Prince lui-même que le 2 décembre, à cinq heures du matin, en recevant l'ordre d'aller s'assurer que les troupes se rendaient ponctuellement sur les points indiqués.

Il avait résumé son dévouement dans sa devise : « Je sers ! »

M. Mocquard était Bordelais par sa famille, et essentiellement Parisien par son éducation, ses penchants et ses amitiés. Il naquit à Bordeaux en 1791, dans la célèbre maison Fonfrède, bien connue par son escalier monumental. Il appartenait, par son père, à d'honorables négociants de Saint-Domingue ; mais, par sa mère, il avait de qui tenir du côté de l'esprit, car elle descendait de ce comte de Bussy-Rabutin, propre cousin de madame de Sévigné, et auteur de ce livre indiscret, qui lui valut dix-sept années d'exil : *Histoire amoureuse des Gaules*.

Il fit partie de cette génération plantureuse, énergique, retentissante, que Berryer, Barthe, Odilon Barrot, Dupin aîné, Philippe Dupin, Paillet, Vatimesnil, représentaient au barreau ; Villemain, Vatout, Étienne, Scribe, dans les lettres et au théâtre ; Géricault et Auber dans les arts. Tous ceux-là furent ses amis, presque tous furent ses camarades. Géricault fut son copain ; ils habitaient la même chambre, ils montaient les mêmes chevaux et ils courtisaient les femmes du même monde. Par sa taille, sa figure, son esprit, M. Mocquard fut un homme à succès ; et il réalisait encore, lorsque je le vis pour la première fois, en 1830, toutes les distinctions fixées sur la toile par l'immortel auteur du *Radeau de la Méduse*, dans le beau portrait qui est en la possession de sa fille, madame Hortense Raimbeaux.

En 1812, M. Mocquard tâta de la diplomatie, d'abord comme secrétaire de légation, avec le général de Montholon, ensuite comme chargé d'affaires auprès du grand-duc de Wurtzbourg ; mais l'attrait des lettres et de la parole le détourna et l'entraîna. Il est licencié et commence son stage en 1813 ; puis, de 1817 à 1825, il prend part aux grands procès politiques de la Restauration, aux affaires de l'Épingle Noire, des Sergents de La Rochelle, de la Souscription Nationale. Il s'y montra orateur élégant et distingué, plus qu'aucun autre avocat orateur littéraire ; et c'est à l'éclat de son talent qu'il dut les illustres amitiés de lord Lyndhurst, de lord Ellenborough et de lord Brougham.

M. Mocquard toucha presque à tout, et toujours avec succès. Il fut sous-préfet et journaliste ; mais, en 1817, il avait été présenté, en Allemagne, au prince Eugène et à la reine Hortense ; et, depuis cette époque, hôte d'Arenemberg, ou serviteur fidèle de ces illustres exilés, il fit de ses sentiments pour eux comme une religion. De même qu'aux temps agités de la Ligue et de la

Fronde, on endossait, pour être toujours prêt, la cuirasse du soldat sous l'habit du courtisan, M. Mocquard vécut et marcha cuirassé en dessous de ses opinions bonapartistes, jusqu'au jour où il pourrait ouvertement combattre pour elles.

Le 10 décembre fit luire ce jour.

Nul n'aurait pu être mieux approprié que M. Mocquard aux fonctions qui, comme les siennes, impliquaient la discrétion et la politesse. Au naturel qu'il mettait à ne rien révéler, même à ses amis, on n'aurait jamais pu penser qu'il savait tout; et telle était sa courtoisie envers les personnes de tout rang qui le prenaient pour intermédiaire auprès du chef de l'État, que celles qui ne s'en allaient pas heureuses du résultat, se retiraient toujours charmées de l'accueil.

De son côté, le Prince trouvait en lui un causeur plein de verve et un lettré plein de goût. Il avait l'instinct et le don du style ; nul ne parlait une langue plus française et n'écrivait avec plus d'élégance et de correction. Il devait ces qualités à la fréquentation des grands modèles, je pourrais dire à sa cohabitation avec eux. M. Villemain savait Cicéron autant que qui que ce fût ; Méry savait Virgile mieux que personne ; mais je n'ai connu aucun lettré possédant César, Tacite et Bossuet au même degré que M. Mocquard.

Il aimait beaucoup la lecture à haute voix, et il lisait avec un grand charme. Plus d'une fois, attiré par sa verve, j'allai le trouver aux Tuileries. Alors, inopinément, à l'occasion d'une idée émise, il prenait un livre, et je l'écoutais, une heure durant, me lisant un passage de Tacite, ou un sermon de Bossuet sur une prise de voile, avec une chaleur communicative, qui me gagnait; et puis, quand les spasmes de l'émotion brisaient sa voix, nous nous regardions en riant, mais la joue déjà humide, ayant oublié tous les deux, moi ce que j'étais venu lui dire, lui les solliciteurs que Félix avait introduits dans son salon.

Les gens qui ont de l'esprit l'ont toujours à leur manière, et conforme à leur caractère : tel l'a mordant, tel autre l'a railleur. M. Mocquard avait l'esprit gai, et sa saillie amenait le rire. Un jour qu'il descendait rapidement le boulevard, dirigeant un phaéton aérien de construction, et qu'emportaient deux trotteurs légendaires, un embarras de voitures l'obligea de s'arrêter. Pendant qu'il cherchait de l'œil une issue, une énorme voiture de Richer, dont tout Parisien connaît la forme et le fond, accroche le véhicule élégant et l'écrase net. Le sergent de ville dresse procès-verbal ; et, comme il avait reconnu M. Mocquard, il ne dissimule pas au conducteur qu'avoir coupé en deux la voiture du secrétaire de l'Empereur, constituait un accroc sortant de l'ordinaire. Le conducteur, atterré, s'approche de M. Mocquard, et lui expose ses regrets. « Mon ami, lui répond M. Mocquard, ne vous désolez pas ainsi ; venez me voir demain ; entre gens de cabinet, il y a toujours moyen de s'entendre. »

Il n'aimait de M. Thiers ni le talent, ni le caractère, ni la personne ; mais sa malveillance envers lui n'allait pas au delà d'un jugement patiemment médité, enchâssé dans un médaillon littéraire et sculpté à facettes. Il me le rappelait de temps en temps, beaucoup plus heureux du plaisir qu'il s'était donné, que du tort qu'il avait pu faire. Le voici, travaillé comme un sonnet, composé dans le goût français de Gombaud, ou le goût italien de Métastase :

« Fataliste dans son histoire, fatal dans ses conseils ; fat dans ses résistances ; réunissant en lui tout ce qu'inspirent, et contre la Providence le culte du hasard, et contre le pouvoir le génie du renversement, et contre soi-même l'excès de la vanité; s'amusant avec son esprit, s'abusant avec son ambition, s'usant avec ses rouerics. »

Ainsi, instruit, dévoué, initié aux desseins et aux secrets du Prince, M. Mocquard avait été comme prédestiné à sa fonction. Il en était justement fier. « Je fais suite à Eginhard », me disait-il avec gaieté. L'exercice direct du pouvoir, personnellement pratiqué, imposait au chef de l'État la composition de discours, de manifestes, de lettres au souverains, qui, sous le régime parlementaire, incombent aux ministres. Quoique lettré de premier ordre, l'Empereur aimait à avoir, sur ce qu'il écrivait, l'impression d'une personne compétente. M. Mocquard était, à cet égard, un excellent juge. Quand il avait approuvé, on pouvait être en repos. Je dirai, en son lieu, la part qu'il eut à la *Vie de César*, et celle, tout à fait secondaire, que je faillis y prendre moi-même.

M. Carlier, de simple employé, s'était élevé, en 1849, au poste difficile et important de préfet de police. C'était un homme intelligent, actif, très courageux, fort honnête, et qui avait puissamment contribué au rétablissement de l'ordre dans Paris. C'est lui qui, sous le ministère du 31 octobre 1849, se sentant appuyé par une politique vigoureuse, fit scier au pied, dans une nuit, la forêt d'arbres de la liberté qui hérissaient les places publiques. Essentiellement autoritaire, il s'était de lui-même, par conviction, jeté dans le parti du Prince, beaucoup plus qu'il n'y avait été appelé ; et il lui eût été aussi difficile de cacher ses sentiments, que de ne pas les avoir.

Plein de confiance dans le succès de la cause qu'il avait embrassée, on peut dire que, dans son cabinet, où venaient tous les jours plusieurs journalistes, il conspirait en quelque sorte à bureau ouvert. Il avait la conspiration gaie. En ma présence, quelqu'un, qui n'était pas de ses agents, vint lui annoncer, comme un secret encore ignoré, que les membres de la Montagne préparaient un banquet politique, à 1 franc par tête, du côté du Château-Rouge. Lorsque la confidence fut terminée, M. Carlier, se tournant vers moi, me dit en riant : « Il est bien bon celui-là, de venir me demander si je connais ce projet de banquet ! Si je le connais ? Parbleu, c'est moi qui le paie ! » Il avait coutume de dire aux démagogues : « Partout où vous êtes réunis trois pour conspirer, je suis au milieu de vous. »

Il le leur avait bien prouvé, pendant la période violente des clubs, qui précéda la levée de boucliers du 13 juin 1849. Les clubs avaient créé un comité central, où se réunissaient, entre minuit et une heure du matin, des délégués chargés de résumer, avec des renseignements confidentiels et secrets, les discussions de la soirée. Or, la *Patrie* publiait régulièrement ces rapports le lendemain. Ces révélations jetaient la consternation dans le camp révolutionnaire ; et les présidents des clubs cherchaient, sans pouvoir le trouver, le mot de l'énigme. M. Carlier ne le cachait pas à ses amis. Les membres les plus énergiques du comité central étaient ses agents ; et comme l'argent était fort cher à cette époque, il recevait régulièrement leur rapport, le premier, dès six heures du matin.

Le caractère courtois et communicatif de M. Carlier lui avait fait un grand nombre d'amis. Il aimait beaucoup la presse, et il l'accueillait avec empressement. Un peu nouveau dans ses rapports avec le journalisme, il n'en connaissait peut-être pas assez intimement les éléments, ce qui fit de beaucoup de ses confidences des imprudences graves. Eugène Forcade et Félix Solar, qui le voyaient souvent, étaient surtout pour lui deux hommes d'esprit ; et le plaisir qu'il trouvait à les entretenir lui masquait leurs rapports avec le général Changarnier.

L'attitude de Félix Solar et d'Eugène Forcade avait été d'abord très correcte. Essentiellement conservateurs, ils avaient commencé par être les alliés naturels et sincères du Prince contre la démagogie ; dès 1849, ils avaient même songé à m'associer à leurs efforts. Le 29 mars, Solar m'adressait à la campagne la lettre suivante :

« Mon cher Cassagnac, Laurent-Jean, Forcade et moi avions fait le projet d'un nouveau *Globe*, moins le titre. Naturellement, je comptais sur vous pour être le quatrième ; mais le bruit court, même en haut lieu, que vous appartenez à une autre combinaison. J'ai absolument besoin d'être fixé dans le plus bref délai. Pouvons-nous compter sur vous, oui ou non, le cas échéant du succès pour notre combinaison ?

« Bien à vous.

« F. Solar. »

Je n'acceptai pas ; j'étais déjà engagé de parole *en haut lieu,* comme dit la lettre, c'est-à-dire à l'Élysée.

Au bout d'un an, la lutte des conservateurs et des démagogues s'était accentuée davantage, et Solar devint plus pressant. Il m'écrivit, le 18 février 1850 :

« Mon cher Cassagnac, décidément vous faites-vous moine A quoi songez-vous ? Je suis entré à la *Patrie,* avec mon ami Forcade qui en est le rédacteur en chef. Je suis chargé de la part de Delamarre de vous proposer d'entrer à la *Patrie.* Je suis également chargé par Chevalier de vous proposer la rédaction en chef du *Dix-Décembre.*

« Des deux parts, les conditions d'argent seraient honorables. Sans doute vous préférerez la rédaction en chef du *Dix-Décembre.* Je regretterai en ce cas de ne pas vous avoir pour colloborateur.

« Quel que soit votre choix, hâtez-vous de me répondre. En ce temps-ci, les places sont bientôt prises. Si vous fussiez venu à Paris il y a quinze jours, vous seriez aujourd'hui rédacteur en chef du *Constitutionnel.*

« Hâtez-vous donc, et, après ma seconde lettre, faites vos malles.

« A vous de cœur.

« F. Solar. »

Je restai encore sourd à cette invitation pressante. M. Delamarre était un excellent homme, et Solar était, comme Forcade, un homme d'esprit; mais je voulais garder toute ma liberté pour servir le Prince, et j'aimais mieux être son collaborateur que le leur.

Cependant, l'impression de mon livre avançait, et j'allais pouvoir aller prendre le poste de confiance où j'étais vivement appelé. Je trouve, en effet, les lignes suivantes dans une lettre que M. Carlier écrivait, le 27 janvier 1850, à l'abbé de Cassagnac, mon frère : « Nous attendons ici, et avec beaucoup d'impatience, Monsieur votre frère, dont la plume nous fait défaut. Engagez-le à ne pas perdre de temps : il est extrêmement favorable pour lui en ce moment. »

J'ai rapporté ces détails, pour justifier M. Carlier des ouvertures un peu trop confiantes faites à des écrivains très conservateurs sans doute, mais appartenant par leurs antécédents à l'école parlementaire et orléaniste. Solar était l'élève d'Henri Fonfrède, le fils très distingué du célèbre girondin.

Le 11 août 1851, la crise devint aiguë, pendant la prorogation de l'Assemblée. Une réunion où se débattirent les projets les plus délicats et les plus importants eut lieu à Saint-Cloud. Je la raconterai bientôt. M. Carlier y assista et s'associa avec une ardeur sincère aux résolutions qui y furent prises. Malheureusement, cette ardeur devint plus expansive et plus intempérante qu'il n'aurait convenu. Il créa autour de lui comme une atmosphère de coup d'État qui, de son cabinet, se répandit au dehors. Lui, pourtant si intrépide, finit par être gagné par l'inquiétude vague qui était son propre ouvrage. Désireux d'agir, mais redoutant d'entreprendre, il hésita, et finalement il donna sa démission, le 15 septembre. Le bruit de cette retraite imprévue, et que rien n'expliquait pour le public, se répandit immédiatement, me frappa et m'inquiéta. J'allai le voir, le 16 au matin, pour lui en demander la cause.

A mon premier mot d'interrogation, je vis qu'il regrettait profondément sa démarche, et que le cœur lui était revenu au ventre. « Oui, me répondit-il ; j'ai donné ma démission ; mais j'ai réfléchi depuis hier. Dites-moi donc, quand comptez-vous aller à Saint-Cloud ? — J'y vais ce soir, lui dis-je. — Eh bien ! je vous demande expressément de dire ceci au Prince : « J'ai vu le préfet ce matin ; il m'a chargé de vous prier de considérer sa démission comme non avenue, et de vous déclarer de sa part, et sur son honneur, qu'il sera avec vous, à votre jour et à votre heure. »

J'allai en effet, le soir même, à Saint-Cloud ; je dirai plus loin les choses graves que j'y appris, ainsi que l'accueil fait par le Prince à l'ouverture que je lui apportais au nom de M. Carlier.

Voilà donc les trois collaborateurs qui, spontanément, s'étaient mis dans le jeu du Prince, considérant son œuvre comme la leur, et en poursuivant l'exécution avec autant de zèle, et surtout avec moins de modération et de prudence que lui. Après eux, dans l'ordre des temps, mais avant eux dans l'ordre du concours apporté, vont figurer ceux qu'il fallut chercher, choisir, et rattacher à l'œuvre poursuivie. Un premier accord et une première mise en commun d'idées eut lieu à Saint-Cloud, le 11 août 1851.

La veille de ce jour, M. Rouher se trouvant à Saint-Cloud pour affaires de service, le Prince lui dit : « Morny, Persigny et Carlier viennent chasser avec moi demain dans le parc. Joignez-vous à eux et venez chasser aussi. » M. Rouher s'étant excusé sur ce qu'il n'avait pas l'habitude de chasser — il l'a prise depuis et la pratique avec ardeur, — le Prince reprit : « Alors, venez dîner, et arrivez de bonne heure. » Il fut fait ainsi que le Prince l'avait souhaité ; M. Rouher ne s'attarda pas, ni les chasseurs non plus.

On se réunit dans une salle qui avait été pourvue à l'avance d'une table, avec papier, plumes et encre ; et M. Rouher, faisant comme les autres, qui semblaient d'accord entre eux, prit place sur un fauteuil. Grande fut sa surprise, lorsqu'on lui dit qu'il s'agissait de rédiger les décrets et les proclamations qui servirent depuis au 2 décembre. Il s'écria, en riant : « Mais on conspire donc ici? Puisque vous êtes tous du complot, et que j'ai votre secret, je vais conspirer comme vous. » Il prit alors la plume ; et plus familier que les autres avec les formules juridiques ou administratives, il préluda, par l'élaboration de ces documents, à la Constitution du 12 janvier 1852, dont le principe avait été préalablement adopté par le Prince, mais dont la rédaction fut entièrement son œuvre. Comme la besogne s'achevait, le Prince, parcourant des yeux les peintures du plafond, dit à ses quatre collaborateurs : « Savez-vous, messieurs, dans quelle salle nous sommes ? C'est celle où, en 1830, Marmont remit son épée au duc d'Angoulême. Eh bien! cette épée, si longtemps fidèle, nous la reprenons, pour la remettre aux mains du peuple. »

Cette conspiration dans laquelle M. Rouher entrait de plain-pied, c'était celle de tout le monde. Elle était dans l'air. On ne s'abordait pas, entre hommes politiques, sans se dire : A quel jour l'explosion ? Tout le monde l'attendait, ou du côté du Prince ou du côté de l'Assemblée. Pendant ma dernière et longue conversation avec Victor Hugo, les instances affectueuses que nous fîmes tous les deux, pour nous entraîner mutuellement, n'avaient pas d'autre cause que l'attente d'une crise imminente. Je voulais l'abriter sous l'Empire; il voulut m'abriter sous la République.

C'était la première fois que le Prince s'ouvrait entièrement à M. Rouher. Jusqu'alors, il s'était borné aux paroles dites à l'Élysée, et que j'ai rapportées : « Ma destinée n'est pas encore accomplie : je serai empereur ! » Mais à bon entendeur peu de mots suffisent. En associant M. Rouher à ses projets, le Prince savait que son ministre en acceptait le but, parce qu'il en partageait les principes.

XVI

CAUSES QUI RENDAIENT L'APPEL AU PEUPLE URGENT

J'ignorais ce qui s'était passé à Saint-Cloud, le 11 août. — Je savais seulement que la dissolution de l'Assemblée était résolue. — Urgence du coup d'Etat. — Désordre des idées. — Les prétendants à la présidence foisonnent. — Menaces des socialistes. — Attitude de M. Léon Faucher. — Ministre de l'intérieur, il fait surveiller le Prince par sa police. — Il ne croit pas au coup d'Etat. — M. de Morny y est associé. — Son portrait. — Ses prétentions inconsidérées. — Mes relations anciennes avec lui. — Il est fait duc. — Il demande pour moi la croix d'officier de la Légion d'honneur. — C'est l'Empereur qui m'a fait commandeur. — Comment M. de Morny s'était rallié à la cause du Prince. — Ma visite à Saint-Cloud, le 16 septembre. — Je redemande au Prince la démission de M. Carlier. — Ce que le Prince m'apprend. — « Je vais recommencer! »

Moi-même, je dois le confesser sincèrement, j'ignorai complètement pendant un mois ce qui s'était passé à Saint-Cloud. Je ne savais nettement que deux choses : la première, c'est que la lutte aiguë engagée avec l'Assemblée rendait sa dissolution inévitable; la seconde, c'est que la dissolution devait se faire pendant sa prorogation. Le Prince répugnait d'une façon énergique à la pensée d'une coercition exercée directement contre la personne des députés; il voulait résolument s'assurer de la personne des démagogues exaltés et des clubistes, et les empêcher d'organiser une lutte à main armée, impuissante au fond, et qu'il faudrait écraser par la force ; mais il voulait avec la même résolution éviter de faire violence aux membres de la Chambre. Il avait donc décidé qu'on profiterait de leur dispersion, pour échapper à la regrettable obligation des rigueurs personnelles. Ainsi j'étais certain que l'Assemblée ne reviendrait pas ; mais j'ignorais quel jour ses portes seraient fermées.

Qu'une résolution décisive fût urgente, il n'était pas possible d'en douter. Le désordre des idées était immense. Tous les partis se résignaient au naufrage de la société, avec l'espoir de planter leur drapeau sur le débris qui en pourrait flotter encore. Plutôt que de se ranger à l'idée de renouveler, en 1852, les pouvoirs du Prince, les parlementaires mettaient en avant les candidatures les plus étranges, pour la présidence de la République. Dans la *Presse*, M. de Girardin proposait M. Nadaud, fort honnête maçon de la Creuse ; la *Gazette de France* voulait M. de La Rochejacquelein ; le *National*, M. Carnot ; le *Journal des Débats*, M. le prince de Joinville ; l'*Assemblée nationale*, M. le général Changarnier ; et tout cela, parce que quatre-vingt-deux conseils généraux et trois millions de pétitionnaires avaient demandé le maintien des pouvoirs du Prince !

A côté et en dehors des partis parlementaires, les menées et les menaces des purs démagogues étaient plus qu'inquiétantes. Proudhon avait essayé en vain de les diriger vers le travail, l'industrie et le commerce, à l'aide d'un crédit général, fondé sur des banques d'échange.

Ils avaient refusé de le suivre : « J'avais voulu faire de vous des ouvriers honnêtes, avait-il dit dans la *Voix du Peuple ;* il vous faut une solution révolutionnaire ! Vous êtes indignes de ramer sur les galères de la République. » Et plus on avançait vers l'expiration des pouvoirs du président, plus claire devenait la prévoyance de Proudhon. « Le scrutin de 1852, disait-il dans la *Voix du Peuple* du 9 janvier 1850, à supposer que le peuple attende jusque-là, sera, n'en doutez pas, le signal d'une révolution nouvelle. » M. de Girardin, lui aussi, avait poussé à cette révolution, en disant, dans la *Presse* du 13 janvier : « A cette définition : le socialisme, c'est la barbarie, nous opposons celle-ci : le socialisme, c'est la civilisation. »

Les clubistes réfugiés à Londres, à la suite des prises d'armes du 15 mai 1848 et du 13 juin 1849, publiaient à Paris, rue Montmartre, n° 164, un journal atroce, dirigé par Delescluze, intitulé *la Voix du proscrit, Moniteur des exilés.* Dans ce journal, on affectait de répéter que « les crimes et les délits ne seraient pas prescrits en 1852 ». J'eus les honneurs d'un numéro de cet organe des assassins. Un aimable citoyen, nommé Dupont, trouvant qu'il était fatigant ou dangereux de tuer soi-même les gens, voulut bien me déclarer, le 28 août 1851, qu'il se proposait de me *faire assommer.* Et ces excitations au meurtre ne restaient pas vaines. Une véritable jacquerie éclata dans la Nièvre et dans le Cher, vers le 22 octobre suivant ; ces départements durent être mis en état de siège, et ramenés à l'observation des lois par des régiments de cavalerie.

Ainsi, l'adoption d'une mesure suprême de salut public s'imposait au Prince, qui avait promis au peuple de le consulter, pour qu'il fît entendre sa volonté décisive ; et le succès de cette mesure commandait les précautions les plus efficaces et les plus secrètes, afin que la nation consultée arrivât au scrutin librement et sans être détournée ou arrêtée par l'émeute.

En ce qui touche l'efficacité des mesures, j'aurai plus loin à l'examiner ; mais en ce qui touche le secret, j'ai dû constater que, malgré mes attaches intimes, les préparatifs m'échappèrent complètement jusqu'au 16 septembre, où ils me furent dévoilés par le Prince lui-même.

Et je ne fus pas le seul à me faire illusion ; le cas de M. Léon Faucher, ministre de l'intérieur, espionnant le Prince à l'aide de sa police particulière et ne découvrant rien, mérite d'être raconté.

M. Léon Faucher était, comme moi, un ancien élève du lycée de Toulouse. Lui, le président Fort, Léonce de Lavergne, sénateur, et moi, nous avions laissé quelque trace de notre passage dans cette ville lettrée, à une époque où le grec, le latin et le français y étaient en honneur. M. Léon Faucher était un homme d'une valeur sérieuse, un peu égaré dans des études sans cohésion, honnête homme, croyant beaucoup en lui, passionnément épris du régime parlementaire ; et, quoique très formaliste, se laissant faire commandeur de la Légion d'honneur, le 15 septembre 1851, sans être même chevalier, à l'occasion de l'inauguration du premier pavillon des halles centrales démoli et reconstruit sous M. Haussmann. Le lendemain de son entrée au ministère de l'intérieur, le 11 avril 1851, il avait jugé à propos de déclarer solennellement que « si une main audacieuse venait briser la tribune, on le verrait s'ensevelir sous ses débris ».

Cette doctrine était quelque peu étrange chez un ministre du président, qu'il savait peu favorable aux jeux de la tribune, et dont il se montrait même disposé à seconder les tendances. Il s'en ouvrit un jour à moi, qui lui étais pourtant un peu suspect, et il me dit : « Je connais le but que le Prince poursuit ; je l'y conduirai ; mais il faut qu'il me laisse faire. » Le sourire mal contenu par lequel j'accueillis cette ouverture ne le rassura pas, et il organisa, lui ministre de l'intérieur, une police vigilante autour de l'Élysée pour découvrir cet invisible coup d'État, dont tout le monde s'entretenait. Il partit pour un court voyage à Londres, le 11 août, et il laissa bien vigilante cette police, juste le jour où M. Rouher se réunissait à M. de Persigny et à M. Carlier, dans cette salle de Saint-Cloud où le maréchal Marmont avait remis son épée au duc d'Angoulême.

M. Léon Faucher revint de Londres le 21 août, et il alla voir M. Rouher le 22. « On m'a assourdi, à Londres, lui dit-il, de ces prétendus projets du Prince contre l'Assemblée. Tout le monde y croit en Angleterre, quoi que j'aie pu leur dire ; mais décidément ce bruits-là sont ridicules. Je fais surveiller l'Élysée très attentivement ; mes agents n'ont pas aperçu le moindre indice. Décidément, il n'y a rien ! » Si, en entrant chez le garde des sceaux, M. Léon Faucher avait été un peu moins occupé de lui, il aurait pu voir le *Moniteur* de 1799 ouvert devant M. Rouher, et celui-ci jetant à la hâte son mouchoir sur la page où sont les décrets du Conseil des Anciens, transférant le Corps législatif à Saint-Cloud, et chargeant le général Bonaparte d'opérer cette translation, le matin du 18 Brumaire.

Les desseins imposés au Prince par l'hostilité de l'Assemblée, ainsi que par les conspirations ourdies contre sa personne, touchaient donc à leur terme, lorsque des dissentiments graves et la démission de M. Carlier vinrent les faire ajourner ; mais, avant d'aborder cette crise imprévue, je dois dessiner les traits principaux du coopérateur bénévole qui s'était joint à M. de Persigny, à M. Mocquart et à M. Carlier, et dire par quels liens M. de Morny s'était rattaché à la cause du Prince.

Les vingt-sept années qui se sont écoulées depuis ces événements n'ont rien ajouté aux bruits répandus à cette époque sur la naissance de M. de Morny, à laquelle on affectait de donner une origine illustre, en y rattachant publiquement M. le comte de Flahaut.

Ce fut en 1852, qu'il m'en fit la confidence, à une réception du ministère de l'intérieur. Il était, comme on sait, élégant de sa personne, et magnifique de caractère. Le monde, et le meilleur, y affluait. Me prenant par la main et me conduisant vers un vieillard de grande taille et de haute mine, il me dit : « Venez, je vais vous présenter à mon père, le comte de Flahaut. » Les biographes ont dit que M. de Morny, tout enfant, avait été mystérieusement élevé chez madame la comtesse de Souza, l'élégant auteur d'*Adèle de Sénanges*. Mademoiselle de Filleul, devenue madame de Souza, mère d'un premier lit du comte de Flahaut, auquel je fus présenté, avait perdu son premier mari pendant la Terreur, et s'était remariée, en 1802, au comte de Souza-Bothelho, ministre de Portugal à Paris. Le jeune enfant qu'elle avait élevé, sous le nom de comte de Morny, était donc son petit-fils naturel.

Cette origine illustre dont il se flattait, et que le sentiment de la piété filiale aurait dû voiler de respects, inspira à M. de Morny une visée irréfléchie, imprudemment gouvernée et qui, sans amener la satisfaction convoitée, fut pour lui une source de déboires : il eut l'ambition d'être reconnu comme d'origine princière, désir inconsidéré et qui n'eût pu être exaucé, sans porter une grave atteinte au nom de la mère.

Ce fut surtout après le 2 décembre, lorsque le partage d'une nouvelle et grande autorité se laissa voir en perspective, que cette ambition égara le bon sens et l'esprit délicat de M. de Morny, et qu'il résolut de s'arroger lui-même le caractère qu'avec une douce mais ferme persistance on lui refusait. Ainsi, vers le 4 janvier 1852, à un banquet qu'au nom du corps municipal lui avait offert M. Berger, préfet de la Seine, M. de Morny porta un toast dans lequel sa prétention au rang qu'il ambitionnait auprès du chef de l'État était à peine dissimulée. Il avait espéré s'imposer par cette témérité de langage ; il ne fit que blesser profondément celui dont il recherchait l'intime union. Cette faute inconsidérée amena, dès le lendemain, une crise regrettable ; à la suite d'ex-

9.

plications inacceptables, M. de Morny dut offrir sa démission. C'est à cette occasion qu'il sortit moralement de ce ministère de l'intérieur, où il était entré par droit de conquête, et non, comme l'ont dit plus tard des biographies mal renseignées, pour avoir condamné les décrets par lesquels le Prince annulait, au profit du Trésor, la célèbre donation faite le 7 août 1830, par le roi Louis-Philippe, en faveur de ses enfants mineurs.

En 1856, au moment où M. de Morny se rendait en Russie, pour aller représenter l'Empereur aux fêtes du couronnement de l'empereur Alexandre, il eut un nouveau et plus violent accès de son ambition invétérée ; il se donna des armes parlantes ; c'était un *Hortensia* en fleurs ; et pour que son langage en fût plus clair encore, il y ajouta ces mots pour devise : *Tace, sed memento*, c'est-à-dire : *Tais-toi, mais souviens-toi*.

Finalement, sans ignorer, mais sans couronner son ambition, l'Empereur récompensa plus tard ses longs et grands services, en lui conférant le titre de duc. Aux yeux de M. de Morny, ce n'était pas assez. Revenant quelque temps après de son château de Nades, il me dit : « Les paysans ne comprennent pas ces duchés *in partibus*. Ils me croient et ils m'appellent duc d'Auvergne. » C'était un beau titre. Le connétable de Bourbon l'avait porté.

Je connaissais particulièrement M. de Morny depuis 1846. Il voulut alors s'ancrer dans un journal, pour se pousser dans la politique, et M. Véron, qui avait acheté le *Constitutionnel* en 1844, ayant laissé supposer qu'il accepterait un associé, je fus prié par M. de Morny d'entamer la négociation, que j'eus la chance de faire réussir. M. de Morny s'en trouva bien ; car sa part de la vente du journal à M. Mirès, en 1852, s'éleva, m'assura M. Véron, à 500,000 francs.

Sans longues études ni grand acquis, M. de Morny avait néanmoins des goûts de lettré, qui me firent rechercher par lui, et j'étais heureux de ces relations, qu'il savait rendre douces et aimables. Je dus à cette prédilection, qu'il ne cachait pas, et qui, après sa mort, fut continuée par M. Schneider, d'être, six années de suite, chargé de rédiger et de défendre l'Adresse du Corps législatif.

En 1858, j'étais depuis vingt ans chevalier de Légion d'honneur, car on n'avançait pas vite à cette époque. M. Morny trouva que j'avais assez attendu la croix d'officier, et, au mois d'avril, il la demanda pour moi.

Voici le billet affectueux dans lequel il m'annonçait sa prochaine démarche :

« Jeudi.

« Mon cher collègue,

« Ainsi que je vous l'ai dit, non seulement je vous présenterai avec plaisir, par amitié pour vous, mais j'insisterai comme pour une chose due.

« Vos services antérieurs, si courageux, dans les temps difficiles, l'attitude et le talent que vous avez montrés à la Chambre, rendent cette distinction naturelle.

« Vous pouvez compter sur mon zèle, comme sur mon amitié.

« MORNY. »

Victor Hugo avait été mon premier patron dans la Légion d'honneur ; M. de Morny fut le second. L'Empereur lui-même voulut être le troisième. C'est lui qui me fit commandeur.

M. de Morny était très ambitieux, mais il l'était légitimement, parce qu'il sentait en lui les éléments d'une grande carrière. Quoiqu'il eût, par de longues et de tendres relations avec une grande dame, des précédents et des attaches orléanistes, son esprit essentiellement sceptique le tenait en équilibre entre les divers régimes dignes de son choix ; sans que néanmoins il eût été capable d'en adopter un dans lequel l'esprit d'ordre n'eût pas occupé une grande place. Il avait le tumulte et l'émeute en horreur ; et il me dit bien souvent que s'il avait présidé le 24 février 1848, à la place de M. Sauzet, la Chambre n'aurait pas été forcée.

Son adhésion résolue et absolue à la politique du Prince n'eut pour cause aucune raison tirée de leur origine. Elle fut dictée par la raison, et le sentiment n'y eut qu'une bien faible part. Il n'était pas légitimiste ; son inexpérience de la tribune lui interdisait l'espérance de jouer un grand rôle dans le retour, alors inespéré, du régime parlementaire. Il voyait, au contraire, le prince Louis-Napoléon de plus en plus acclamé par l'opinion publique, populaire dans l'armée, et gagnant chaque jour du terrain, par son calme, sur la turbulence de l'Assemblée. Un appel direct à la nation ne pouvait manquer d'assurer son triomphe, et cet appel, encouragé par le vote des conseils généraux, légitime au fond, sinon légal dans la forme, devait infailliblement réussir, au prix d'un jour d'énergie, qui aurait immédiatement l'adhésion et la complicité du pays; délivré des démagogues.

Un éclair de bon sens montra donc à M. de Morny l'œuvre libératrice à accomplir. M. de Persigny lui proposa, dans l'intérêt de son ambition, beaucoup plus encore qu'au nom du Prince, un grand rôle dans cette œuvre, qui exigeait trois choses : de la tenue, de l'initiative et du courage. M. de Morny les possédait toutes trois. Il se décida.

M. de Morny représentait ainsi, dans le groupe des initiés réunis à Saint-Cloud le 11 août, cet élément civil nécessaire à la création des courants militaires. Au 18 brumaire, le général Bonaparte exécuta le décret parfaitement légal du Conseil des Anciens ; au 2 décembre, le général de Saint-Arnaud déféra à la réquisition régulière du ministre de l'intérieur. Dans cette association de l'homme à l'habit noir et de l'homme à l'habit brodé, il faut que le premier ordonne, afin de couvrir la responsabilité du second, qui exécute.

Tels étaient les trois collaborateurs à l'œuvre politique desquels le Prince avait associé M. Rouher. J'ai à dire maintenant les causes imprévues qui vinrent inopinément en ajourner et en modifier la réalisation.

J'avais promis à M. Carlier, le 16 septembre, d'aller à Saint-Cloud le soir même. J'y arrivai à huit heures du soir. J'appris de l'officier de service que le Prince n'était pas au salon, et j'envoyai ma carte. Immédiatement invité à monter, je trouvai le Président dans le petit salon qui précédait son cabinet, au premier étage de l'aile gauche. Il était assis, ayant près de lui un homme jeune, de mine résolue et de belle figure, que je ne connaissais pas alors. C'était M. de Maupas ; il prit congé aussitôt, et le Prince m'indiqua la place vide à ses côtés.

— Monseigneur, lui dis-je, je viens remplir auprès de vous une mission dont m'a chargé le préfet de police. M. Carlier vous prie de vouloir bien considérer comme non avenue sa démission, qu'il regrette, et de compter sur son concours absolu pour tel jour et telle heure où il vous plaira d'y avoir recours.

« Ah ! dit le Prince, d'un air un peu étonné, c'est vous que Carlier charge de venir retirer sa démission ? C'est assez original ! — Puis, se levant, il ajouta : Venez dans mon cabinet. — Je l'y suivis, et là, il tira d'un tiroir un papier, qu'il me remit, en disant : Lisez donc les premières lignes.

C'était un rapport de M. Carlier. Il y disait au Prince que mon langage et mes derniers articles dans le *Constitutionnel* avaient scandalisé l'opinion publique, en répandant le bruit d'une entreprise prochaine contre la Chambre ; qu'il croyait indispensable de laisser tomber ce bruit ; qu'il serait, à son avis, imprudent de passer outre, et que, dans le cas où le Prince jugerait opportun de poursuivre ses projets, il le priait de trouver bon qu'il dégageât sa responsabilité, et il lui envoyait sa démission.

Profondément étonné d'un tel langage, je portais

alternativement mon regard du rapport de M. Carlier au visage du Prince, incertain si je devais rire ou me fâcher, lorsque le Prince me dit : « Oh ! vous n'avez pas besoin de vous justifier ; je suis bien sûr que vous n'avez rien divulgué, puisque je ne vous avais rien dit. Ce sont les indiscrétions de Carlier qui ont fait tout le mal ; et le général Changarnier, averti par quelqu'un, vient d'arriver en hâte d'Autun, où il était. C'est donc Carlier qui a tout fait avorter.

« — Il a tout fait avorter ? repris-je avec une surprise dont je ne fus pas maître. Mais qu'est-ce donc qui avorte, Prince, si vous me permettez de vous le demander ?

« — Ah ! c'est juste ; — et reprenant sa place sur le canapé dans le petit salon, le Prince ajouta :

« C'était pour demain. Les décrets dissolvant la Chambre et appelant le peuple dans ses comices allaient être publiés demain matin, appuyés par des mesures militaires destinées à comprimer toute émeute éventuelle et à assurer la liberté des votes, lorsque, un peu avant votre arrivée, tout s'est effondré. D'un côté, je me suis trouvé sans préfet de police ; de l'autre, Saint-Arnaud et Magnan sont venus retirer leur parole.

« Saint-Arnaud prétend qu'il vaut mieux attendre le retour de l'Assemblée, parce que nous aurons alors toutes les résistances sous la main, tandis qu'en ce moment les députés dispersés pourraient créer de divers côtés des foyers de résistance. Cette opinion a peut-être du vrai ; mais la véritable cause du refus d'agir n'est pas celle-là : les deux généraux auront bavardé chez eux, et leurs femmes les auront détournés. Je suis bien sûr qu'ils me reviendront. Je vais donc recommencer. D'ailleurs, s'il le faut, car je veux être prêt à tout événement, je ferai, bien à regret, et à toute extrémité, avec les colonels, qui m'ont offert leur concours. Rentrons, afin d'éviter que l'on commente ce long entretien. »

« Je vais recommencer ! » C'est en méditant ces paroles, prononcées avec le plus grand calme et le plus doux *entêtement*, que je suivis le Prince au salon. Vers onze heures, je rentrai à Paris tout pensif, laissant le soin exclusif de la conversation à M. de Persigny, que je ramenai dans ma voiture.

XVII

NOUVELLE ORGANISATION DU COUP D'ÉTAT

Cause de l'insuccès du premier plan. — Collaborateurs nouveaux. — Le général de Saint-Arnaud. — Le général Magnan. — M. de Maupas. — M. de Montalembert est favorable au coup d'État. — Lettre qu'il m'avait écrite. — Ministère du 15 octobre, avec le général de Saint-Arnaud à la guerre et M. de Maupas à la préfecture de police. — Ces deux noms m'éclairent. — Message. — L'Assemblée engage la lutte. — Proposition des questeurs. — Sa portée révolutionnaire.

Ainsi échoua le projet de dissoudre la Chambre en son absence, projet qui avait été préparé pour le 17 septembre 1851. L'insuccès fut d'abord attribué par le Prince à des indiscrétions de M. Carlier. Quelques années plus tard, l'Empereur, revenant sur cet événement, me dit, dans une conversation restée écrite comme plusieurs autres, que l'insuccès avait été dû au trop grand nombre de confidents.

Voilà donc le Prince et le parti considérable rallié à sa politique rentrés dans l'imprévu, et à la merci des événements, quant à l'époque et à la forme du grand plébiscite, car la nécessité d'un verdict national était évidente pour tout le monde. L'antagonisme créé par la Constitution elle-même entre l'Assemblée et le président de la République rendaient tout gouvernement impossible.

Des péripéties nouvelles vont donc naître de la situation et se développer ; mais voilà déjà deux acteurs nouveaux du drame introduits en scène : le général de Saint-Arnaud et le général Magnan, et un troisième, qui vient de poindre à l'horizon, M. de Maupas.

La correspondance du général de Saint-Arnaud, publiée après sa mort par son frère utérin, M. de Forcade La Roquette, révéla le grand esprit et le noble caractère qu'il y avait dans cet énergique soldat. Il était aide de camp du général Bugeaud, à l'époque où ce dernier fut nommé gouverneur de Blaye, et il fit toute sa carrière en Afrique, sous l'œil et avec l'estime affectueuse de son illustre chef.

Nommé général de division à la suite de la brillante expédition de la petite Kabylie, le général de Saint-Arnaud, qui avait le regard fixé sur les événements de France, et que son tempérament politique poussait à y prendre un rôle actif, fut pressenti sur ses dispositions envers la cause politique personnifiée dans le Prince. Il n'hésita pas. Son intelligence élevée et son ferme courage le rangèrent du côté du vœu national, contre les prétentions égoïstes et inconciliables des partis. Le chaos du présent l'indignait ; les périls de l'avenir l'inquiétaient ; et il avait rapidement saisi l'immense changement que le vœu solennel du pays, substitué aux fluctuations intéressées de l'Assemblée, introduirait dans la marche des affaires publiques.

Il attendit, à la tête de la division de Constantine, les

ordres auxquels il s'était engagé à déférer ; et il vint en effet, le 22 août, prendre à l'École-Militaire le commandement d'une division de l'armée de Paris, en attendant les fonctions de ministre de la guerre, qui lui étaient réservées. Il les aurait prises le 17 septembre, sans l'ajournement du projet dont l'exécution avait été préparée.

Le général Magnan avait déjà, depuis le 17 juillet, le commandement en chef de l'armée de Paris; il avait été gagné à la cause du Prince, d'abord par son bon sens, et puis par son horreur instinctive de l'émeute, qu'il avait mitraillée à Lyon, en 1834. Il appartenait par son caractère et son courage à cette grande race des Windishgraëtz, des Jellachich, des Radetsky et des Bugeaud, détestés des révolutionnaires, et qui, poussés par le devoir, tirèrent l'épée avec la même fermeté contre les ennemis du dedans ou du dehors. Cependant, il y avait des heures où il se prenait à regretter les périls et la gloire des champs de bataille. Peu de jours après le départ du maréchal de Saint-Arnaud pour Constantinople, où il allait, en compagnie des Anglais, combattre les Russes, je rencontrai le maréchal Magnan, se promenant seul et pensif sur le boulevard. Je l'abordai, et nous eûmes un long entretien où il m'ouvrit son cœur. Il était triste. Il avait vivement sollicité, sans l'obtenir, le commandement de l'expédition. « Je resterai, dit-il en terminant, un vainqueur d'émeutes. Je crois que je valais mieux que ma destinée! »

Dans leur rapprochement avec le Prince, les généraux de Saint-Arnaud et Magnan avaient eu pour intermédiaire un des esprits les plus distingués de l'armée, M. le général Fleury, alors jeune et brillant colonel de hussards. Dévoué au Prince avant son arrivée au pouvoir, et attaché à sa personne aussitôt après le 10 décembre, il employa ses relations nombreuses et la nature fine, courtoise et insinuante de son caractère, à lui gagner des concours civils, sans sortir lui-même de son rôle militaire. J'ai déjà dit qu'il me fut souvent d'un secours très utile au *Constitutionnel* et que lorsque je trouvais M. Véron un peu hésitant, je me rendais à l'Élysée, et je priais le Prince de faire intervenir M. Mocquard. Si l'hésitation devenait de la résistance, je demandais l'intervention du colonel Fleury. C'était vraiment mon *Deus ex machina*. M. Véron, qui d'ailleurs ne se doutait de rien, ne résistait jamais à l'assaut du colonel.

M. de Maupas, que j'avais entrevu à Saint-Cloud, était alors préfet de Toulouse. Quelques difficultés survenues dans ses rapports avec M. le premier président Piou, lui faisaient désirer et demander un changement de poste. Il était à Paris en congé, depuis un mois; et M. Léon Faucher, ministre de l'intérieur, un peu sec dans son langage et raide dans ses formes, lui enjoignait de revenir à Toulouse, sous peine de révocation.

La jeunesse, à la fois grave et exubérante de M. de Maupas, sa belle figure, son langage net et fier, dans lequel on devinait une grande ambition et une résolution égale, plurent au Prince. C'était juste le moment où la démission de M. Carlier laissait un rôle vacant dans l'acte politique ajourné, mais décidé. Pour se donner le temps d'étudier M. de Maupas, le Prince le retint sous un prétexte vague et indéterminé, et M. Léon Faucher dut se résigner à sa présence à Paris.

L'étude et la réflexion du Prince furent favorables à M. de Maupas. Il fut, *in petto*, réservé à la préfecture de police, sans être toutefois et préalablement informé de sa destination, et surtout sans recevoir aucune confidence anticipée sur son rôle. L'ancienne monarchie, l'Empire et la Restauration eurent à la tête de leur police des hommes restés célèbres par leur habileté ; mais on demeurera persuadé, lorsque je raconterai les mesures prises le 2 décembre, que ni les d'Argenson, ni les Sartine, ni les Lenoir, ni les Fouché n'accomplirent jamais, avec un pareil succès, un acte aussi délicat et aussi difficile.

La liste des partisans résolus et convaincus de la politique du Prince resterait incomplète, si je n'y inscrivais l'un des hommes les plus considérables de l'Assemblée, portant un nom illustre dans les lettres, respecté de tous, dans l'ordre des idées morales et religieuses, et qui, bien que n'étant pas d'épée, voulait résolument qu'on tirât l'épée, si la force était nécessaire pour vaincre l'obstination hostile des partis. Ce nom, qu'on ne s'attend peut-être pas à trouver ici, c'est celui du comte Charles de Montalembert. Que pensait-il de la moralité, de l'efficacité, de la prolongation du gouvernement du Prince ? Je veux qu'on l'apprenne de lui-même, et voici la lettre qu'il me faisait l'honneur de m'écrire, au plus fort de la lutte des deux pouvoirs :

« Trélon (Nord), 5 octobre 1850.

« Monsieur,

« Quoique je n'aie pas l'honneur d'être personnellement connu de vous, je ne résiste pas à l'envie de vous témoigner la sympathie et l'admiration que m'ont inspirées vos deux articles sur la *Royauté du Pape* dans le *Pouvoir*, et sur Voltaire, dans le *Constitutionnel*. Permettez-moi de vous supplier de persévérer dans cette voie, non seulement parce que c'est celle de la justice et de la vérité, mais encore parce qu'elle est infiniment utile à la cause du Président, que vous défendez avec tant de raison.

« Vous avez, sans doute, remarqué la déplorable attitude que viennent de prendre, à la suite du pèlerinage de Wiesbaden, certains journaux catholiques qui, après avoir combattu, pendant tout le règne de Louis-Philippe, l'idolâtrie monarchique et gallicane, se mettent aujourd'hui à proclamer l'union indissoluble de l'autel et du trône, tout comme en 1826. Ce changement de front va faire beaucoup de mal dans le clergé ; et il importe que les défenseurs du gouvernement actuel dans la presse puissent atténuer et neutraliser ce mal, par l'*exactitude* et l'impartialité de leur langage, en ce qui touche aux intérêts religieux, tant en France qu'à l'extérieur. C'est ce que j'ai eu déjà l'occasion d'écrire au *Constitutionnel*, au sujet des affaires du Piémont.

« Si, comme je n'en doute pas, vous êtes amené, dans le cours de votre polémique, à envisager ce côté de la question, j'espère que vous voudrez bien constater que tous les catholiques ne se laissent pas entraîner par ce torrent néolégitimiste. Pour ma part, je reste fidèle aux convictions de toute ma vie et, d'accord avec toute la théologie ultramontaine, je crois que l'Église peut parfaitement s'arranger d'un pouvoir nouveau et consenti par la souveraineté nationale.

« Des journaux légitimistes de province répètent en ce moment, à l'envi, une anecdote sur ce que M. le comte de Chambord aurait bien voulu dire de moi à Wiesbaden, et sur *la profonde émotion* que j'en aurais ressentie. Le Prince aurait dit : « M. de Montalembert a trop le senti-
« ment de la foi, pour n'avoir pas un jour le sentiment de
« la justice. » Cela ne m'a pas touché le moins du monde, car, malgré mon respect pour l'aîné des descendants de saint Louis, je ne suis nullement tenté de le prendre pour l'incarnation de la justice sur la terre. En défendant successivement l'Irlande, la Pologne, la Belgique, les petits cantons suisses, la liberté de l'enseignement contre l'Université, l'indépendance du Saint-Siège contre les démocrates, et en dernier lieu la société française tout entière contre le socialisme, j'ai toujours défendu la justice, et rien que la justice.

« Je crois la défendre encore en soutenant de mon mieux le gouvernement du président de la République, qui a tant fait pour sauver l'ordre, pour maintenir l'union des Français, et qui surtout a rendu à la liberté de l'Église catholique plus de services qu'aucun des pouvoirs qui ont régné en France depuis deux siècles. En désirant la prolongation de ce gouvernement, je remplis un devoir de justice et de reconnaissance, auquel je serais désolé de voir les catholiques français se montrer infidèles.

« Veuillez, Monsieur, ne donner aucune publicité à cette lettre, mais y trouver l'assurance bien sincère de ma considération toute particulière.

« Ch. de Montalembert. »

Cette lettre est restée secrète, pendant vingt-huit ans, selon le désir de son auteur; mais j'ai cru qu'après la mort de l'Empereur et celle de M. de Montalembert, elle pouvait entrer dans le domaine de l'histoire.

On a vu que M. de Montalembert désirait *la prolongation* des pouvoirs du prince Louis-Napoléon; il poussa ce désir jusqu'à proposer, pour le réaliser, l'emploi de la force. Il serait prématuré de raconter, en ce moment, l'attitude et le langage de M. de Montalembert, dans une réunion qui eut lieu chez M. le comte Daru, rue de Lille, vers le 15 novembre, seize jours avant la crise finale, réunion à laquelle assistaient M. Baroche, M. Fould, M. Buffet, M. de Chassaigne-Goyon, M. Quentin-Bauchart et M. Rouher, et où il soutint, avec l'énergie de sa parole convaincue, la nécessité de passer outre, par l'emploi de la force, à la résistance de la minorité; mais je puis et je dois dire, dès à présent, qu'il approuva complètement toutes les mesures prises le 2 décembre.

Les deux hommes politiques qui se réjouirent peut-être le plus du 2 décembre, furent M. de Montalembert et M. Guizot.

Pendant que deux cent vingt députés, réunis rue de Grenelle, à la mairie du dixième arrondissement, sous la présidence de M. Benoît-d'Azy, prononçaient, sur la proposition de M. Berryer, la déchéance du président de la République, et qu'un bataillon de chasseurs de Vincennes les amenait à la caserne du quai d'Orsay, M. de Montalembert, enfermé dans le cabinet de rédaction de M. Louis Veuillot, aux bureaux de l'*Univers,* tout à côté de la mairie, employa toute sa matinée à écrire à ses amis, de divers côtés, la bonne nouvelle. Il y épuisa sa verve et y usa presque la provision de papier et d'encre de M. Veuillot. Je garantis l'authenticité de l'anecdote, sur le témoignage direct et indiscutable d'une personne que je ne nomme pas ici, mais dont l'affirmation personnelle équivaut pour tous, comme pour moi, à la vérité même.

En ce qui touche M. Guizot, je recueillis directement l'expression de sa joie expressive.

J'allai le voir, rue de la Ville-l'Evêque, le 6 ou le 7 décembre. Dès que mon nom lui fut annoncé, je l'entendis dire très vivement : « Faites entrer, et ne recevez personne ! » Puis, dès qu'il m'aperçut, et sans se donner le temps de me parler, il se livra pendant de longs instants à une explosion d'hilarité poussée jusqu'aux larmes. Renversé dans son fauteuil, et riant toujours, il me pressa de questions sur plusieurs des députés arrêtés, notamment sur M. Thiers. Après de longs détails, et lorsque je pris congé, il m'adressa vivement cette recommandation : « Surtout, dites au Prince qu'il se garde bien de réunir la Consulte avant le vote du peuple ! » Cette Consulte, c'était la commission consultative, formée, le 5 décembre, avec les députés de l'opinion conservatrice. Je rapportai au Prince cette recommandation, et il me répondit, en souriant : « Si vous revoyez M. Guizot, remerciez-le de ma part, et dites-lui que son conseil est trop bon pour que je ne le suive pas. »

Tout est donc prêt pour une lutte suprême entre l'Assemblée et le Prince. Lequel des deux portera le grand coup?

Éclairé sur les causes qui avaient fait échouer les mesures énergiques préparées pour le 17 septembre, je vivais depuis un mois dans l'attente, épiant l'heure où, selon sa dernière parole du 16 au soir, le Prince « recommencerait ». Les journaux du 15 octobre me donnèrent l'éveil, en annonçant que la démission de M. Carlier et celle des ministres étaient acceptées; mais les successeurs des ministres et celui du préfet de police n'étaient pas désignés, et la sortie des ministres eux-mêmes contenait pour moi un mystère, car M. Rouher, qui était l'un des initiés les plus actifs des mesures projetées, quittait le ministère de la justice. Confiant, mais aussi discret que confiant, j'attendis des indices plus clairs et plus précis. Ils se firent attendre douze jours; mais le *Moniteur* du 27 octobre résolut les questions posées dans mon esprit; il annonça la formation d'un nouveau cabinet, dans lequel le général de Saint-Arnaud était ministre de la guerre, et fit connaître la nomination de M. de Maupas au poste de préfet de police.

Pour moi, ces deux mots : de Saint-Arnaud, de Maupas, disaient tout : on était prêt !

Je suis obligé d'ajouter que l'attente du public fut moins satisfaite que la mienne. Ces douze jours avaient été remplis par des pourparlers ministériels, qui avaient transpiré dans la presse, mais qui n'avaient pas abouti à une solution. Il parut dans le *Constitutionnel* une lettre de M. Billault, disant qu'appelé par le Prince, il avait proposé un cabinet, lequel n'avait pas été accepté. M. Billault n'avait pas encore atteint alors le niveau remarquable où il s'éleva plus tard par son talent; il était même un peu démodé parmi les conservateurs, par suite d'un certain discours sur le *droit au travail*, prononcé à l'Assemblée constituante, et dont la tendance socialiste avait été exagérée par les journaux monarchistes. Cependant le monde parlementaire s'était persuadé que le Prince, ayant refusé M. Billault, avait dû vouloir choisir des hommes encore plus distingués que lui, et il n'y eut, parmi les vieux idolâtres de la tribune, qu'un cri d'ahurissement, lorsque le *Moniteur* annonça que M. Corbin, procureur général à Bourges, prenait les sceaux à la place de M. Rouher; que M. de Thorigny, ancien avocat général, prenait l'intérieur à la place de M. Léon Faucher; que M. Blondel, inspecteur général des finances, recueillait la succession de M. Fould, et que M. le marquis de Turgot, quoique porteur d'un beau nom, acceptait le portefeuille des affaires étrangères à la place de M. Baroche.

Assurément, tous les membres du nouveau cabinet étaient de fort honnêtes gens et personnellement des hommes distingués; mais il faut bien reconnaître qu'au point de vue politique, ils n'avaient pas grand crédit; et les parlementaires ne les trouvaient pas des adversaires dignes d'eux. Aux yeux du public, c'était un cabinet effacé, destiné à l'expédition courante des affaires; aux yeux des politiques plus avisés, attentifs à la lutte des deux pouvoirs, c'était un écran qui masquait une solution pressentie, prochaine et définitive; à mes yeux, comme à ceux d'un petit nombre d'initiés, c'était le ministère Saint-Arnaud, c'est-à-dire un appel au peuple, avec un scrutin solennel, placé sous la protection de l'armée, contre la violence de l'émeute.

Le nouveau ministère, formé le 27 octobre, attendait l'Assemblée, qui s'était ajournée au 4 novembre. Le choc était donc prochain, il devait éclater à l'occasion du message. Quel serait-il? Le *Constitutionnel* du 27 octobre posait cette question : « Le message sera-t-il un cartel? » Il devait l'être au moment où le *Constitutionnel* parlait ainsi; le public l'ignora, ainsi que les circonstances qui modifièrent son caractère.

Tous ceux qui furent les confidents ou les collaborateurs un peu intimes du prince Louis-Napoléon connurent ces deux dispositions de son esprit, d'être toujours son propre conseiller, dans les conjonctures délicates et difficiles, mais en même temps de donner beaucoup à la réflexion, avant d'agir. Le 27 octobre 1851, son parti était pris; si l'Assemblée persistait à résister au vœu général en faveur de la révision de la Constitution, il passerait outre à un appel à la nation. Voulant le faire, il avait d'abord résolu de laisser assez clairement pressentir son dessein dans le message, pour que l'opinion ne s'y trompât pas. Deux coups lui paraissaient indispensables à frapper : rendre au peuple le suffrage universel, confisqué par les parlementaires dans la loi du 31 mai 1850, et conjurer la vaste conspiration démagogique organisée en France et en Europe pour le mois de mai 1852. Ces deux déclarations étaient nettement formulées dans le projet de message; mais il contenait, en outre, assez clairement pour qu'on ne s'y méprît pas, la résolution d'atteindre ce double but avec le concours de l'Assemblée, si elle le donnait ; sans son concours, si elle le refusait.

C'est sur cette première rédaction que le Prince, m'ayant fait l'honneur de me lire l'ébauche de son projet de message, dans son cabinet de Saint-Cloud, m'adressa cette question : « Croyez-vous qu'ils me mettent en accusation, si je leur tiens ce langage ? » Au point où je le savais de ses dispositions, et où je le supposais de ses préparatifs, une mise en accusation ne m'inquiétait guère, et je n'hésitai pas à conseiller la résolution à un homme résolu ; la réflexion et peut-être le conseil d'autres amis firent disparaître tout ce qui pouvait trahir le parti pris. Le message ne conserva que la proposition de rapporter la loi du 31 mai et la dénonciation des complots démagogiques. Le Prince prit donc, par rapport à la Chambre, une position défensive, et lui laissa le soin et le péril de porter les premiers coups.

Je ne dois pas oublier un joli mot du Prince, en me parlant du retrait de la loi du 31 mai : « Je ne veux pas être la branche cadette du suffrage universel. » Je redis le mot à M. Véron, qui était friand de ces délicatesses, et qui en orna un de ses articles, qu'il dictait à son ami M. Millot.

L'Assemblée répondit au message par les cris les plus violents, et, surexcitée jusqu'à la sédition, elle mit en avant, le 7 novembre, une idée qui était un véritable coup d'État. C'était cette fameuse proposition des questeurs, qui enlevait au président de la République le commandement direct de l'armée, à lui exclusivement réservé par l'article 50 de la Constitution, pour le confier aux

10.

questeurs, ou à l'un d'eux, c'est-à-dire à M. Baze éventuellement.

Pour que le lecteur puisse apprécier la moralité de la crise qui se prépare, il faut que je place sous ses yeux cette proposition des questeurs, le modèle le plus accompli des actes de folie que la passion politique peut inspirer quelquefois aux hommes de parti. Il s'agissait, pour les auteurs du projet, non pas de confirmer au président de l'Assemblée, qui l'avait déjà en vertu de l'article 32 de la Constitution, « le droit de fixer l'importance des forces militaires pour sa sûreté, d'en disposer et de désigner le chef chargé de les commander »; mais d'enlever au Prince, chef du pouvoir exécutif, le droit de donner des ordres, non seulement à l'armée, mais aux fonctionnaires. La proposition des questeurs contenait, en conséquence, les dispositions suivantes :

ARTICLE PREMIER. — Le président de l'Assemblée nationale a le droit de requérir LA FORCE ARMÉE et TOUTES LES AUTORITÉS dont il juge le concours nécessaire. Ces réquisitions peuvent être adressées DIRECTEMENT A TOUS LES OFFICIERS, commandants ou FONCTIONNAIRES, qui sont tenus d'y obtempérer IMMÉDIATEMENT, sous les peines portées par la loi.

ARTICLE DEUXIÈME. — Le président peut *déléguer son droit de réquisition aux questeurs* ou à L'UN D'EUX.

Ces deux articles contenaient, sous la forme la plus brutale et la plus provocatrice, la confiscation, au profit de l'Assemblée, de ses trois questeurs et même de l'un d'eux, de tous les droits assurés au président de la République. En effet, si le droit de réquisition directe, illimitée, absolue, sur tous les officiers, sur tous les fonctionnaires, était attribué au président de l'Assemblée, ou par celui-ci aux questeurs, quelle autorité restait-il entre les mains du Prince, chargé du pouvoir exécutif? — Absolument aucune.

Si les questeurs pouvaient requérir directement un colonel, le ministre de la guerre était supprimé.

Si les questeurs pouvaient requérir directement un préfet, le ministre de l'intérieur était supprimé.

Si les questeurs pouvaient requérir directement un procureur général, le ministre de la justice était supprimé.

Ce n'était pas tout encore. Le droit de réquisition directe des questeurs brisait la hiérarchie administrative et dissolvait le gouvernement. En requérant un officier d'un grade inférieur ou un fonctionnaire subalterne, les questeurs eussent brisé par cela même l'autorité de tous les pouvoirs supérieurs. Un simple chef de poste, lieutenant ou capitaine, directement requis par les questeurs, c'était la révocation du colonel, des généraux de brigade et de division, et du général en chef; un simple sergent de ville, requis par les questeurs, c'était la destitution du préfet de police. Si les questeurs étaient obéis, c'était un bouleversement de tous les pouvoirs publics; s'ils n'étaient pas obéis, c'était la guerre civile, inaugurée par l'Assemblée.

Et puis, où était la part du peuple, la part de la volonté et de la souveraineté nationales, dans cette confiscation à la fois audacieuse et naïve des pouvoirs dévolus au chef de l'État par la Constitution ? Un recours à la nation se conçoit toujours ; les peuples divisés et agités n'ont pas quelquefois d'autre moyen pour dénouer les crises sociales ; mais livrer un grand pays au président d'une Assemblée, et autoriser celui-ci à le livrer à trois députés n'ayant d'autre mandat spécial que de régler le bois, le charbon, l'huile, le bouillon et les sirops du Parlement, — c'était un attentat contre le bon sens et un défi jeté à l'opinion publique.

L'opinion publique le releva. Si passionnée qu'elle fût, l'Assemblée s'était laissé pénétrer à la longue par ce coin finalement irrésistible, qu'on appelle le souffle populaire. Elle le laissa bien voir le 13 novembre. Après avoir accueilli la proposition de rapporter la loi du 31 mai par des huées, elle ne trouva, pour la repousser, qu'UNE voix de majorité, sur sept cents votants. Elle se crut perdue, lorsque, sans appui au dehors, elle se vit sans majorité au dedans. Environ cent députés, légitimistes et orléanistes, se crurent arrivés à la dernière heure de leurs pouvoirs et passèrent la nuit du 13 au 14 en permanence, à l'Assemblée. Cinq ou six, affolés de terreur, firent des patrouilles aux Champs-Élysées, effrayant les ivrognes attardés des mystérieuses clartés de leurs lanternes sourdes. Divers journaux, notamment le *Constitutionnel* du 16, amusèrent leurs lecteurs du récit de cette panique.

Telle était la défaveur où était tombée l'Assemblée, que ses partisans redoutaient pour elle une manifestation des faubourgs. Le journal de M. Adrien de La Valette poussa la Chambre à un coup d'État contre la présidence : « Minorité, disait-il, le 15 novembre, il est temps encore ! Il faut agir ! Un acte vigoureux peut seul étouffer *une manifestation prochaine des faubourgs.* » Cet acte de vigueur, c'était la confiscation des pouvoirs du président de la République, par l'adoption de la proposition des questeurs ; car ainsi parlaient alors ceux qui ont reproché plus tard au Président d'être sorti de la légalité.

XVIII

IMMINENCE D'UNE CRISE VIOLENTE

J'en raconte les combinaisons et les préparatifs dans un
article du *Constitutionnel*. — C'est une pièce historique. —
Le Prince est résolu à la résistance. — Ordres donnés. —
Discussion de la proposition des questeurs. — Séance tumultueuse. — Belle attitude du général de Saint-Arnaud.
— La proposition des questeurs est rejetée. — Les épées
rentrent au fourreau.

Il n'y avait donc pas d'illusion à se faire ; la proposition des questeurs, c'était le président de la République dépouillé de ses pouvoirs, la Constitution foulée aux pieds, et un coup d'État fait par la Chambre. Dans la pensée à peine voilée des légitimistes et des orléanistes, c'est M. le général Changarnier qui devait être chargé d'exécuter le vote de l'Assemblée ; et telle était la notoriété de la combinaison, que je la révélai dans un premier article du *Constitutionnel*, le 9 novembre, et que, dans un second article signé, je la racontai par le menu, le 24 novembre, en tête du journal. L'article, où la dictature du général était formellement dévoilée, fut porté e lendemain à la tribune, par M. Creton, député de la

Somme ; mais les faits étaient si publics, que, sur l'avis de M. Berryer, la Chambre refusa les poursuites.

De son côté, le Prince avait le sentiment si vif et si net de l'atteinte portée à son autorité légitime par la proposition des questeurs, qu'il était résolu à la repousser par la force. Le général de Saint-Arnaud, ministre de la guerre, avait reçu ses ordres, et le général Magnan, commandant en chef de l'armée de Paris, avait pris toutes les dispositions nécessaires pour les exécuter.

Telle était la situation politique le 17 novembre, jour où devait être discuté le rapport de M. Vitet, concluant à l'adoption de la proposition des questeurs. L'Assemblée serait inévitablement houleuse, comme aux jours des grandes luttes. Le général Magnan et M. de Maupas, préfet de police, avaient voulu assister à la séance, dans une tribune, pour suivre la discussion et observer la tournure que prendraient les événements. Pour moi, j'avais d'abord mieux aimé rester libre de mes mouvements et attendre, moitié chez M. Véron, moitié à l'Élysée, le résultat de la séance ; mais la fièvre de l'impatience me prit, comme les autres, et je me rendis à l'Assemblée.

Quelque grande que fût ma confiance, je ne pouvais me défendre d'une profonde émotion. Comme je le dis, le 24, dans mon article du *Constitutionnel*, je savais que les conspirateurs de l'Assemblée avaient « la main ferme et vigilante de la justice suspendue à un pouce de leur collet » ; je savais qu'en cas de vote de la proposition « le président de la République ne se laisserait pas escamoter, et qu'il y aurait, dans la soirée, échange de coups de fusils, ou mieux encore » ; mais l'approche des grandes crises préoccupe toujours les plus fermes, auxquels le calme ne revient tout entier que dans l'action.

A l'instant même où s'ouvraient les débats, un incident imprévu pour le public vint en affirmer la portée révolutionnaire. M. Dupin, qui présidait la séance, fit connaître à l'Assemblée qu'il recevait du Conseil d'État le projet de loi relatif à la responsabilité du président de la République. Ce projet de loi, exhumé des cartons du Conseil d'État, où il dormait depuis plus de deux ans, contenait cette clause significative : « Lorsque le président de la République *est accusé*, il cesse ses fonctions. » Et pour qu'il ne restât aucun doute dans les esprits les moins attentifs, un député de la gauche, M. Dain, déposait un projet de mise en accusation.

S'il se trouvait dans la Chambre une majorité pour voter la proposition des questeurs, cette même majorité voterait la mise en accusation ; et alors, par le fait seul de l'accusation, le Prince se trouvait suspendu de ses fonctions, c'est-à-dire escamoté. C'était donc sur une question de vie ou de mort entre les deux pouvoirs que la séance s'ouvrait.

M. Ferdinand de Lasteyrie, député de la Seine, porta les premiers coups. Il offrit le retrait de la proposition des questeurs, si les ministres reconnaissaient que le droit de réquisition directe, réclamé par eux, découlait de la Constitution.

Le général de Saint-Arnaud, qui n'avait pas l'habitude de capituler sans combat, répondit par un refus. C'était son début oratoire. Cet énergique soldat parla comme l'eût fait la raison elle-même. Il maintint au chef de l'État la disposition générale de l'armée, avec l'unité du commandement dans ses mains; il laissa au président de l'Assemblée le droit que lui donnait la Constitution de fixer l'importance des forces militaires établies pour sa sûreté, et d'en disposer, mais sans porter atteinte à la hiérarchie militaire, et en conservant intacte l'autorité supérieure du ministre de la guerre.

Exprimée avec netteté et avec concision, cette observation semblait épuiser le débat; mais l'orage grondait dans l'Assemblée; les interruptions et les cris trahissaient des passions mal contenues, et c'était moins une discussion qu'une bataille désespérée.

Les républicains, auxquels le retrait de la loi du 31 mai venait rendre l'intégrité du suffrage universel, se sentaient vaguement favorables à la cause du président de la République. La coalition des partis monarchiques les inquiétait, et la dictature du général Changarnier, hautement annoncée dans les salons, leur donnait à réfléchir sur les dispositions d'un homme qui avait offert de chasser la Chambre le 19 janvier 1849, et qui avait crossé les démagogues insurgés, le 13 juin suivant. Plusieurs d'entre eux interpelèrent les monarchistes. M. Crémieux les somma de dire à la Chambre ce qu'ils disaient ailleurs. M. Michel, de Bourges, défia M. Vitet d'énoncer clairement le péril dont il parlait dans son rapport. Excité par cette provocation, M. Vitet eut l'imprudence de répondre: « Vous me demandez où est le péril? Eh bien! il est dans votre alliance avec CELUI que vous protégez! »

Ce mot inconsidéré, qui montrait les monarchistes aussi hostiles aux républicains qu'au Prince-Président, souleva dans la gauche un violent tumulte. « Vous l'avouez donc, s'écria M. Schœlcher, la proposition est dirigée contre nous, et vous voulez que nous la votions ? — J'étais pour la proposition, s'écria de son côté M. Charras : mais je me rétracte, si elle est contre la gauche et contre le peuple ! » A ce moment, la proposition semblait perdue par la défection de la gauche, et la balance penchait visiblement du côté du gouvernement. Théoriquement la question était vidée ; il fallait la déplacer pour la reprendre ; M. Thiers s'élança à la tribune, pour la mettre sur le terrain des passions. Il accusa le ministre d'avoir publié une récente circulaire, dans laquelle, en recommandant à l'armée la discipline, il ne lui avait point parlé de l'obéissance aux lois. De bruyantes interruptions montrèrent à M. Thiers que son observation subtile et trop habile choquait les esprits loyaux ; et le général de Saint-Arnaud lui adressa cette belle réponse :

« Ce n'est plus mes paroles qu'on accuse, c'est mon silence. Le soldat n'est pas juge de la loi. Je n'ai trouvé ni utile ni digne de recommander à des chefs le premier de tous les devoirs. En rappelant l'armée à la discipline, je n'ai pas songé, je l'avoue, à faire descendre la loi des hauteurs où elle réside. Que faites-vous par votre proposition ? Vous introduisez dans l'armée l'esprit de délibération, qui est la ruine de la discipline. A côté des devoirs de l'obéissance, j'ai placé les devoirs de la responsabilité, car, sans la hiérarchie, il n'y a pas d'armée.

Il ne faut pas d'équivoque ; il faut que l'Assemblée accepte ou rejette la proposition. »

Cette fois, et après ces paroles, la cause du Prince contre les questeurs semblait bien définitivement gagnée ; mais les partis monarchiques frémissants ne voulaient pas lâcher la proie convoitée, et une remarque du général Bedeau remit tout en question.

Il demanda au ministre de la guerre s'il était vrai que le décret du 11 mai 1848, un vieux décret de la Constituante, presque oublié et affiché dans les casernes, à l'occasion des troubles de l'année 1849, eût été récemment enlevé par ordre du pouvoir exécutif?

Un tumulte extraordinaire suivit cette question. L'Assemblée, plus houleuse que jamais, se montrait désagrégée, passionnée, hésitante sur le parti à prendre ; et un silence solennel se fit subitement, pour attendre la réponse du général de Saint-Arnaud, de laquelle semblait dépendre un parti grave et décisif. Calme, froid, résolu, le ministre, d'un ton plus ferme et plus accentué, laissa tomber de la tribune ces paroles :

« Il est vrai que le décret était affiché, dans quelques casernes ; mais en présence de la proposition des questeurs, pour ne pas laisser d'hésitation dans les ordres donnés, je dois le déclarer, j'ai ordonné qu'on le retirât. »

Cette fois, l'Assemblée prit tout à coup l'aspect des grandes séances révolutionnaires. Les interpellations s'échangeaient, mêlées d'injures. M. le général Changarnier s'approcha du commissaire de police de l'Assemblée, placé près de la tribune, et lui adressa à voix basse quelques paroles qui furent interprétées comme un ordre de fermer les portes extérieures du palais. Des cris menaçants étaient dirigés contre les ministres. On criait de divers côtés : « Arrêtons-les ! — Arrêtons-les tous à leurs bancs ! » L'anxiété était dans tous les esprits, et le doute germait dans les cœurs les plus résolus. Qu'allait faire l'Assemblée ? A cette heure, nul n'aurait pu l'affirmer.

M. de Morny, qui avait un rôle éventuel à jouer, sortit avant le vote. Le général de Saint-Arnaud, voyant la tournure révolutionnaire que prenait la séance, se pencha à l'oreille de M. de Thorigny, et lui dit : « Si je sortais, à tout événement ? — Oui, lui répondit le ministre de l'intérieur, sortez ; nous resterons ici jusqu'à la fin. » Le général de Saint-Arnaud sortit lentement, et comme un collègue s'étonnait de le voir partir, sans attendre le vote, il lui répondit, en souriant : « On fait trop de bruit dans cette maison ; je vais chercher la garde. »

Au moment même où, arrivé près de la porte, le ministre de la guerre lançait un regard significatif au général Magnan et à M. de Maupas dans la tribune où ils étaient, un officier du 49ᵉ de ligne se faisait ouvrir cette tribune et disait au commandant en chef de l'armée de Paris : « Sortez bien vite ; l'ordre vient d'être donné de vous arrêter. » Le général se leva à l'instant, avec le préfet de police, et tous deux se rendirent au quartier général de l'armée de Paris, aux Tuileries, où le ministre de la guerre venait d'arriver avant eux. De là tous trois allèrent à l'Élysée, pour y prendre les instructions suprêmes, qui étaient prêtes, et ils regagnèrent leurs postes respectifs pour y attendre l'ordre d'agir.

Ainsi, vers sept heures, la Chambre paraissait complètement bouleversée, et son vote était incertain pour tout le monde. Des groupes nombreux de conservateurs, favorables à la politique du Président, environnèrent, un peu effarés, les bancs des ministres, ne dissimulant pas la difficulté qu'ils trouvaient à voter pour lui après le tumulte qu'avait soulevé le dernier incident. M. de Thorigny, ministre de l'intérieur, leur dit avec fermeté : « Messieurs, votez comme vous voudrez : nous sommes prêts à tout. » Sur ces paroles, vivement accentuées, on se regarda : les amis du Prince comprirent qu'ils avaient affaire à un gouvernement résolu ; ils allèrent répéter sur les bancs les paroles du ministre, et tous firent résolument leur devoir.

La gravité de la situation tenait tous les esprits en suspens ; les tribunes elles-mêmes attendirent le vote. A huit heures moins un quart, au milieu d'une anxiété profonde, M. Dupin prononça le résultat du scrutin :

Nombre des votants. 708
Majorité absolue. 355
Pour la proposition des questeurs. 300
Contre. 408

L'intrigue monarchique et la dictature du général Changarnier étaient donc battues par plus de cent voix de majorité relative.

M. Rouher porta ce vote à l'Élysée, où la décision de l'Assemblée était attendue comme une déclaration de guerre, et la main sur la garde de l'épée. Au milieu du silence qui suivit la courte lecture, le Prince dit : « Cela vaut peut-être mieux. » Comme on envoyait un officier d'ordonnance au quartier général et au ministre de la guerre pour décommander les mesures arrêtées, M. de Morny demanda s'il ne valait pas mieux laisser aller les choses, puisqu'on était prêt. « Non, répondit le Prince ; la Chambre m'a donné raison ; je ne veux pas me donner tort envers elle, en ne tenant pas compte de son vote. »

XIX

AFFAISSEMENT DE L'ASSEMBLÉE

Les républicains avaient fait le succès du Prince. — Ils s'étaient défiés des monarchistes. — Appréciation du *Journal des Débats*. — Les parlementaires tentent une nouvelle combinaison, en s'appuyant sur le général Cavaignac. — Je raconte ces intrigues dans l'article intitulé *les Deux Dictatures*. — Effet immense de cette provocation. — L'Assemblée veut et n'ose le poursuivre.

Le succès du Prince, il n'y avait pas à se le dissimuler, était dû à l'appui du parti républicain, lequel, à l'exception du général Cavaignac et du groupe du *National*, avait fait échouer la proposition des questeurs. Les *trois cents*, qui avaient poussé au coup d'État fait par l'Assemblée, comprenaient 145 légitimistes, 120 conservateurs, membres de la réunion Molé, et 18 orléanistes, groupés autours de M. Thiers. Fruit de combinaisons passagères, ce succès n'était donc ni l'indice ni le gage d'une situation stable, et il y avait d'autant moins à s'endormir dans une fausse sécurité que les monarchistes avaient sollicité l'appui des républicains, et le sollicitaient encore. Le *Journal des Débats* du lendemain 18 le constatait avec amertume : « On reproche au Président d'avoir *accepté* le concours de la Montagne ; mais le Président peut répondre que ce concours, les conservateurs l'ont *recherché, demandé, quêté* ».

Et chose grave, ils le *recherchaient*, le *demandaient*, le *quêtaient* avec une ardeur nouvelle, allant jusqu'à offrir de déférer la dictature au général Cavaignac, puisque c'était pour faire échouer celle du général Changarnier que les montagnards s'étaient décidés à voter pour le Prince. C'est au milieu de ces nouvelles négociations, et pour les faire échouer en les dénonçant, qu'il fut résolu dans un conseil d'intimes, tenu chez M. Véron, le dimanche matin 23, que j'écrirais l'article du 24, intitulé LES DEUX DICTATURES, article dépassant, avec intention, toute mesure, provoquant avec la plus violente audace et les droites et les gauches, et qui, une heure avant la mise sous presse, fut ainsi jugé par toute la rédaction du *Constitutionnel :* « Monsieur Boilay, dit M. Véron, que pensez-vous de l'article de Cassagnac ? — Je pense que si, comme gérant, vous voulez payer dix mille francs d'amende, et faire six mois de prison, vous n'avez qu'à l'insérer. — Et vous, monsieur Cucheval-Clarigny ? — Je pense de même. — Et vous, monsieur Cauvin ? — C'est aussi mon avis. — Eh bien ! reprit M. Véron, je payerai les dix mille francs et je ferai les six mois de prison, mais l'article passera, sans qu'il y soit changé une syllabe. »

Le voici : M. Véron l'a reproduit dans ses *Mémoires d'un Bourgeois de Paris*, comme pièce historique.

LES DEUX DICTATURES

« Malgré le calme à peu près universel des esprits, malgré l'indifférence profonde des populations pour la politique, malgré l'horreur de l'agriculture, de l'industrie, du commerce, de toutes les familles honnêtes, de tous les individus sensés, pour des bouleversements nouveaux, il ne s'est jamais autant brassé de conspirations, autant préparé de coups de main qu'en ce moment, dans les régions élevées de la société et parmi les chefs des anciens partis. Les ambitieux, les factieux, ne veulent pas que l'ordre se rétablisse, que le travail se rassure, que les affaires se relèvent, si la société, sauvée et raffermie, doit échapper à leurs plans de domination et d'exploitation. Ils se résignent à voir encore les rues de Paris dépavées, les étrangers en fuite, les boutiques fermées, l'émeute chantant le *Ça ira!* les populations épouvantées par les prédications des clubs ; ils se résignent à tout, excepté à voir périr leur importance.

« Nous avons déjà échappé par miracle à plus d'une de ces révolutions de serre chaude, préparées dans trois ou quatre salons politiques, délibérées dans des bureaux de journal, nouées dans les couloirs parlementaires : les miracles sont rares, et il serait téméraire d'y compter. La France peut se réveiller demain, après-demain, tous les jours, au bruit formidable d'un écroulement universel ; il faut au moins, si elle périt sous des ruines, qu'elle sache qui les prépare et d'où elles viennent. Nous

11.

ne dirons rien qui ne se dise tout haut dans le monde politique, et nous ne sommes pas tenus à plus de discrétion que les conspirateurs.

« Lundi dernier, il y a huit jours aujourd'hui, on a été à l'épaisseur d'un cheveu des coups de fusil et de la guerre civile. Les partis qui se disputent le pouvoir avaient jeté dans l'Assemblée une proposition ayant pour objet, moins encore de donner une armée au pouvoir législatif que de jeter de l'indécision, du désordre dans les troupes, et de fournir à un général audacieux l'occasion et le moyen d'entraîner un régiment. Si l'Assemblée avait eu la faiblesse de prendre seulement en considération la proposition qui lui était soumise, on lui eût subitement arraché un acte d'accusation. Les conspirateurs avaient préparé leur coup de main; armés d'un vote plus ou moins concluant, plus ou moins explicite, ils auraient arrêté les ministres en pleine séance, et, si ce début avait été heureux, ils auraient immédiatement essayé d'enlever le Président.

« Mais, comme on doit le supposer, le président de la République et ses amis sont médiocrement disposés à se laisser escamoter; les assaillants eussent donc été accueillis à coups de fusil, ou mieux encore, et la bataille s'engageait dans les rues immédiatement. Ce résultat a été possible jusqu'à sept heures et demie : le vote de l'Assemblée l'a fait évanouir. Certainement rien n'est plus insensé, plus monstrueux, plus criminel qu'un tel dessein; il n'en est pas moins la vérité pure, et il n'est personne dans le monde politique qui en ignore les détails.

« Cette conspiration flagrante, incessante, contre le président de la République, a pour auteurs des hommes parlementaires, chefs avoués du parti légitime et du parti orléaniste, profondément divisés entre eux, mais unis par la haine commune que leur inspire l'Élu du 10 décembre. Elle est organisée depuis dix-huit mois, et du temps où un général notable occupait les Tuileries, il se tint dans ses salons des réunions d'hommes politiques considérables, réunions où l'on mit en délibération d'arrêter Louis-Napoléon Bonaparte et de le mettre à Vincennes. Il ne saurait y avoir à ce sujet aucun doute : un ancien premier ministre de Louis-Philippe, qui assistait à ces réunions, avertit le président de la République de ce qui se tramait contre lui.

« Abandonnée quelques mois, à la suite des voyages à Wiesbaden et à Claremont, cette ancienne conspiration des légitimistes et des orléanistes contre l'Élu du 10 décembre a été reprise récemment, et elle a été cimentée par l'abandon de la proposition de M. Creton et de la candidature de M. le prince de Joinville.

« Quoique imaginée et conduite par d'anciens ministres et par des vétérans des Assemblées législatives, cette conspiration dépasse en ridicule toutes celles qui sont enregistrées dans les livres de Saint-Réal et de Vertot. Les conjurés ont pour but de créer une dictature, agissant avec l'appui et sous le contrôle de l'Assemblée actuelle, qui se prorogerait indéfiniment et se déclarerait Convention. Le dictateur est désigné par tout le monde : c'est M. le général Changarnier.

« Nous ne voulons pas discuter ce projet. Enlever

l'armée au Président, à l'Élu du pays, à la défense de la loi et de l'ordre, et la donner comme un mobilier, comme un outil même, par un vote de l'Assemblée, à un Pichegru de rencontre, c'est purement et simplement insensé. Aucun pouvoir, quel qu'il soit, ne réussirait à triompher de l'équité, de la morale, du bon sens, de la conscience publique. L'Assemblée, entraînée, séduite, débordée, comme bien d'autres assemblées, pourrait, pour son malheur et pour le nôtre, faire un dictateur : elle pourrait lui donner un titre, elle ne lui donnerait pas de l'autorité et de la force, parce qu'il n'y a ni force ni autorité en dehors de ce qui est honnête, de ce qui est droit. Supposons l'impossible, supposons un dictateur réel, sérieux, tout-puissant, quoique fabriqué à la hâte dans un moment de tumulte. Le premier acte de son pouvoir serait de chasser l'Assemblée qui l'aurait créé, ne serait-ce que pour éviter l'affaiblissement qui résulterait pour lui de la dislocation forcée d'une majorité de coalition et de hasard.

« Ainsi, quatre ou cinq anciens ministres, dix à douze anciens députés blanchis sous le harnais, des hommes mûrs et qu'on devrait croire sensés, jouent et voudraient faire jouer à l'Assemblée nationale le rôle que voici : Remplacer, à la tête de la société, l'Élu de six millions d'hommes par l'élu de quinze ou vingt conspirateurs ; le neveu de l'Empereur, par un général sans fait d'armes et sans illustration ; un nom magique par un nom impuissant ; un pouvoir régulier, honnête, qui défend la société, par un pouvoir irrégulier, révolutionnaire, qui la mine et qui la trouble ; une autorité forte, respectée, devant laquelle les factions se contiennent, parce qu'elles la voient appuyée de l'assentiment du pays ; en somme, un ordre de choses qui convient à la France, qui rassure l'Europe, qui donne des garanties au rétablissement des conditions normales de la civilisation, par un état de choses qui n'aurait ni l'aveu de la France, ni l'assentiment des peuples voisins, et qui n'inspirerait et ne saurait inspirer à qui que ce soit de sensé et de loyal ni estime, ni confiance, ni sécurité.

« C'est là la route, pavée de désordres, d'aventures, de révolutions, dans laquelle marchent depuis près de deux ans quelques-uns des grands hommes d'État qu'on nomme les chefs de la majorité, avec la perspective d'arriver, après une longue suite de hasards heureux, à quoi ? A faire décréter par l'Assemblée une dictature, dont le premier acte logique et nécessaire, serait de faire sauter l'Assemblée par les fenêtres. Cette extravagante conception, sur le succès de laquelle on comptait lundi dernier, à sept heures et demie du soir, et qui s'écroula à huit devant le vote de l'Assemblée, pourquoi a-t-elle échoué ? Parce qu'elle aboutissait à une dictature blanche.

« Les Montagnards, qu'on avait, depuis quelques jours, sondés et caressés, avaient flairé le danger caché sous ce bloc de farine. Ils avaient vu ce qu'il y avait en effet : un général qui les avait crossés, en attendant mieux, le 13 juin 1849, un général qui avait, dans le temps, proposé de chasser l'Assemblée constituante ; un dictateur dont la mission tracée à l'avance, consistait à déporter le terrorisme et le socialisme, à supprimer violemment la République, et à opérer, à la pointe de ses baïonnettes une restauration légitimiste, orléaniste ou fusionniste suivant l'occurrence. A tout prendre, et malgré leur haine profonde pour le Président, les Montagnards avaient aisément compris qu'en cette circonstance sa cause était la leur, puisqu'il représentait le maintien du suffrage universel et celui de la République. C'est pour cela qu'à l'exception des agitateurs et des ambitieux de l'école du *National* et des républicains parlementaires de l'école de la Convention et du comité du Salut public, les Montagnards repoussèrent en masse la proposition des questeurs, au moment même où **M. Baze** allait déposer son acte d'accusation contre **M. de Saint-Arnaud**, et où quelques conspirateurs impatients s'écriaient derrière le banc des ministres : « Tous ! tous ! Il faut les « arrêter tous, pendant qu'ils sont ici ! »

« Abattus par leur effroyable échec, qui venait s'ajouter à un autre échec de la veille, au sujet de la loi du 31 mai, remis à peine de leurs patrouilles nocturnes et de deux ou trois mauvaises nuits passées hors de chez eux, dans des lits d'emprunt, les chefs de la conspiration résolurent de tenter un dernier effort. Voici le nouveau plan qu'ils arrêtèrent, plan que nous avons entendu exposer il y a cinq jours, plan avoué tout haut, samedi, dans les bureaux de l'Assemblée, plan dont la coalition de tous les partis hostiles au président de la République annonce la réalisation et révèle les secrets !

« Pourquoi les Montagnards avaient-ils voté en masse contre la proposition des questeurs ? Parce qu'elle avait pour objet de créer une dictature blanche, et de remettre le pouvoir absolu aux mains d'un général chargé de les déporter, et, au besoin, de les mitrailler. Il s'agissait donc d'imaginer un plan nouveau, qui rassurât les Montagnards, et qui leur permît, en même temps d'écouter leur haine contre le président de la République, et de se réunir, sans danger, à une coalition de légitimistes et d'orléanistes.

« Ce plan n'était pas difficile à trouver, et nous l'entendions exposer, nous l'avons dit, il y a cinq jours. Il s'agissait tout simplement de changer la couleur de la dictature et le nom du dictateur.

« Pour des légitimistes, des orléanistes et des fusionnistes, c'est-à-dire pour des gens coalisés à trois, il en devait peu coûter de se coaliser à quatre, ou même à cinq. L'échec public, éclatant, irremédiable de M. le général Changarnier permettait aux conjurés de le laisser à l'ambulance, et de donner à un autre son commandement. C'est ce qui a été fait, après de courts débats ; et les mêmes hommes d'État, qui, la semaine dernière, risquaient les destinées de la France sur une dictature blanche, avec M. le général Changarnier, vont les risquer, cette semaine, sur une dictature rouge, avec M. le général Cavaignac. Voilà où nous en sommes : ce pays est, comme on voit, joué à croix ou pile : croix a perdu, peut-être que pile gagnera.

« Nous entendons d'ici les hommes sensés lisant, en province, ces révélations qui sont à Paris des faits publics et des vérités triviales ; nous les entendons se récrier contre de tels plans, de tels desseins et une telle conduite, attribués à des hommes qu'on est convenu de considérer comme les plus fermes soutiens de l'ordre, comme les chefs des partis conservateurs et monarchiques, comme les guides et l'honneur de la majorité. D'abord, nous prierons ces hommes sensés et honnêtes, dont les vœux et les prières sont méconnus par les factions, de nous dire ce qu'ils pensent de ceci :

« Dans la commission nommée pour examiner le projet de loi sur la responsabilité du président de la République, avec qui sont coalisés M. Creton et M. Jules de Lasteyrie, deux partisans déclarés du rappel des princes d'Orléans et de la candidature de M. le prince de Joinville? Avec M. Dufaure, qui s'est énergiquement opposé à ce rappel; avec M. Berryer, M. Béchard et M. de Laboulie, adversaires inflexibles de cette candidature. Avec qui est coalisée M. Berryer, auteur du beau discours sur la monarchie légitime? Avec M. Marc Dufraisse, auteur de l'apologie du meurtre de Louis XVI. Avec qui sont coalisés les légitimistes? Avec les orléanistes. Avec qui sont coalisés les royalistes? Avec les démagogues et les terroristes. Ainsi, on se hait, mais on pactise; on se méprise, mais on s'allie; on s'injurie, mais on se soutient; on se montre le poing, mais on se donne la main. Que pensent de cela les hommes sensés et honnêtes de tous les partis?

« C'est l'usage, nous le savons, de considérer ces hommes dont nous parlons : M. Berryer, M. Thiers, M. Béchard, M. de Laboulie, M. de Lasteyrie, M. Creton même M. Dufaure, jusqu'à un certain point, comme les chefs et les soutiens des partis conservateurs et monarchiques. Voilà précisément la profonde et déplorable erreur dans laquelle des journaux de coterie entretiennent les populations paisibles, confiantes, vivant loin des affaires ! Ces hommes sont et ne sont que de purs révolutionnaires, parlant, agissant en révolutionnaires, sous la bannière des royalistes et des conservateurs, dont ils compromettent les principes et dont ils perdent la cause.

« L'habitude des ruses, des compromis, des coalitions parlementaires a profondément dépravé ces intelligences, qui ne croient plus à rien, qu'à leur ambition et à leur vanité. Ils ont pu être, ils ont été des hommes politiques, faisant de la doctrine monarchique et conservatrice; ils ne sont plus que des avocats et des factieux, incidentant contre l'ordre, et faisant des révolutions contre la société.

« Mais enfin, nous demandera-t-on peut-être, par quelles idées, par quelles paroles ces hommes, encore plus ou moins considérables, cherchent-ils à excuser les violences, les coalitions, les conspirations dont ils sont les inventeurs et les directeurs? Mon Dieu! ils ne les dissimulent, ni ne les excusent. L'un d'eux, l'un des plus considérables, disait, il y a deux jours à un ami : « Je suis de votre avis, c'est insensé; mais, que voulez-vous? *Il faut en finir ! Il faut en finir !* — Et de quoi donc ? — Mais c'est fort simple, il faut en finir du nom de Louis-Napoléon Bonaparte, qui se popularise de plus en plus; de la sagesse de son gouvernement, qui lui concilie toutes les familles paisibles et honnêtes; de ses chances de durée, qui s'augmentent et qui se consolident par la division et par la passion de ses adversaires; il faut en finir de cette autorité qui s'impose par le besoin qu'on en a, et sous laquelle le dégoût du désordre et des agitations diminuerait fort l'importance de quelques personnages vivant de luttes, des difficultés et des crises politiques, comme les condottieri du moyen âge vivaient des guerres des États.

« Sauf à s'entendre sur les termes, nous croyons aussi qu'il ne serait pas mal d'en finir. Le régime parlementaire a besoin d'en finir avec les brouillons qui le dépopularisent et qui le perdent ; le pays a besoin d'en finir avec les minorités remuantes, exigeantes et factieuses, qui le troublent, qui le ruinent et qui le déshonorent.

« Certes, le régime parlementaire a de fortes racines en France, mais ce serait une erreur de penser que ce régime ne serait pas mis sérieusement en péril, si, sans le savoir et sans le vouloir, il devenait l'auxiliaire des factions et le foyer le plus actif des troubles publics. Et il ne faut pas un grand nombre de brouillons pour détruire les corps les plus augustes et les plus respectés ; il suffit de d'Eprémesnil et d'Adrien Duport pour ruiner, en 1789, les treize parlements de l'ancienne France.

« Certes, les partis monarchiques, surtout dans les campagnes, sont honorés par les populations ; mais ce serait une erreur de croire que le spectacle de ces partis, coalisés avec les démagogues, ne détruirait pas promptement ces sentiments de déférence et de respect. L'alliance de M. Berryer, de M. Béchard, de M. Creton, de M. de Lasteyrie avec M. Emmanuel Arago et avec M. Marc Dufraisse coûtera plus, qu'on s'en souvienne, à M. le comte de Chambord et à M. le comte de Paris que ne coûtèrent à leurs familles les révolutions de 1830 et de 1848. Ces deux révolutions ne leur ôtèrent qu'un trône : l'alliance avec les terroristes leur ôtera le respect et la confiance du pays.

« Si l'on nous demande maintenant quel danger présente, pour l'ordre public en général, et pour la situation du président de la République en particulier, la *dictature rouge*, essayée après la *dictature blanche*, nous répondrons qu'à notre avis elle n'en présente aucun dans aucun cas.

« D'abord, c'est notre espoir et notre conviction, la même raison qui a détourné les Montagnards de la dictature blanche détourna les vrais et honnêtes conservateurs de la dictature rouge ; et l'Assemblée ne voudra pas plus livrer la France au général Cavaignac qu'elle n'a voulu la livrer au général Changarnier.

« Mais, allons plus loin, portons tout à l'extrême et ne reculons devant aucune hypothèse. Supposons que la coalition égare et entraîne l'Assemblée ; supposons qu'après avoir obtenu un vote hostile au Président dans la loi sur la responsabilité, la coalition victorieuse reprenne, comme c'est son intention, comme cela nous a été dit depuis cinq jours, comme cela s'est dit hautement dans les bureaux de l'Assemblée, supposons que la coalition reprenne la proposition des questeurs, et qu'elle donne à cette proposition les cent huit voix de majorité qu'elle a eues contre elle, eh bien ! nous disons que même dans ce cas l'ordre et le Président ne courront aucun danger ; car qui oserait garantir que l'Assemblée serait obéie ?

« Certes, en principe, en règle, en thèse générale,

la loi est et doit être toujours obéie ; mais l'histoire nous apprend que lorsque les pouvoirs les plus légitimes font un usage extrême de leurs droits les plus extrêmes, ils amènent infailliblement une résistance, une collision, une catastrophe. L'article 14 de la charte de Louis XVIII était un de ces droits extrêmes, dont la monarchie crut devoir faire un usage extrême contre le vœu de l'opinion publique : on sait ce qui arriva !

« Aujourd'hui, l'Assemblée, qui n'a pas d'autorité constituée au-dessus d'elle, peut voter régulièrement tout ce qu'elle voudra : la loi sur la responsabilité, la proposition des questeurs et cent autres choses pareilles ; mais comme ces mesures seraient une agression manifeste contre le Président, comme elles deviendraient un instrument pour les passions et pour l'intérêt des vieux partis, la moralité publique en serait offensée ; le bon sens et l'équité des populations prendraient fait et cause pour l'opprimé contre les oppresseurs, et l'Assemblée, malgré son droit, malgré ses prérogatives, n'arriverait qu'à une bataille. Or, les batailles ont leurs hasards, *habent sua fata ;* et prît-elle pour livrer la sienne l'épée de ce général qui est, à ce qu'il assure, *habitué à vaincre*, peu de gens voudraient peut-être figurer dans ses bataillons.

« Donc, dans aucun cas, les conspirateurs ne sont dangereux. Sans parler de leur égarement, ils ont contre eux le pays tout entier, qui ne veut plus d'expériences, de bouleversements et de ruines. D'ailleurs ce qu'ils auraient contre eux de plus redoutable, ce seraient encore moins leurs adversaires que leurs alliés. Le pouvoir, qui a la garde et la responsabilité de l'ordre, est, comme bien on le pense, instruit de leurs desseins et de leurs menées ; et, quoiqu'ils ne la sentent pas, ils ont, chacun, la main ferme et résolue de la justice toujours suspendue à un pouce de leur collet. La preuve qu'ils ne sont pas à craindre, c'est qu'ils ne sont pas encore embarqués.

« Allez, allez, chevaliers errants des princesses perdues, comme la femme d'Énée, dans la bagarre des trônes qui s'écroulent et qui brûlent ; conspirez tant qu'il vous plaira ; promenez dans les ténèbres vos faces blêmes, que la peur agite, et signalez au pays les conjurations de l'Élysée pour masquer les vôtres ! Personne ne se méprend sur vos projets, et personne ne les redoute. Si vous êtes sans pitié pour la France, si vous refusez, malgré ses prières, de lui épargner une révolution de plus, vous n'en serez pas moins pour vos efforts et pour votre honte. Aveuglés par vos passions, comme le taureau par le drap rouge, vous donnerez tête baissée sur la pointe de l'épée tendue et immobile qui vous attend !

« A. Granier de Cassagnac. »

L'effet de cette provocation fut immense ; à Paris, où la vente au numéro n'était pas d'usage pour les grands journaux, mille personnes avaient fait acheter le *Constitutionnel* avant midi ; en province, l'article sur *les Deux Dictatures* fut considéré comme l'annonce d'une solution prochaine et décisive ; partout on dit tout haut : « Si l'Assemblée accepte cette audacieuse attaque, et ne traduit pas le journal à sa barre, elle avoue les desseins qu'on lui impute, et elle est perdue. »

Le lendemain, M. Creton, député de la Somme, demanda, avec force injures contre moi, que l'article fût poursuivi. M. Berryer fit repousser la proposition. J'eus la faiblesse de me fâcher des injures de M. Creton et de lui envoyer des témoins. Le bonhomme fit le plongeon d'usage, avec toute la grâce possible, et déclara qu'il n'avait pas voulu m'offenser.

C'est cet article que M. Véron m'avait fait lire, après dîner, à ses convives, parmi lesquels était Auber, et dont il avait étudié l'effet sur le visage de la dame du corps de ballet.

XX

IMMINENCE DE LA CRISE

Soirée du 27 novembre, à l'Elysée. — Le Prince me fait signe de le suivre. — Conversation. — C'est pour bientôt. — Le Prince me demande un nouvel article, plus énergique. — Tout le monde veut en finir. — On cherche des solutions. — Réunions chez M. le comte Daru. — Chez M. Dariste. — Chez M. de Rancé. — On ne trouve pas de solution. — Soirée du 1er décembre, à l'Elysée. — Question que m'adressent M. Denjoy et M. Bérard. — Proposition de M. de Falloux. — Confidence de M. de Heeckeren.

L'atmosphère était pleine d'orages, et nous touchions aux résolutions suprêmes. Trois jours après celui où avait paru l'article, le 27 novembre, il y avait réception à l'Élysée. J'y allai comme d'habitude. Beaucoup de gens avaient retenu la phrase finale de mon article : « Aveuglés par vos passions, comme le taureau par le drap rouge, vous donnerez tête baissée sur la pointe de l'épée tendue et immobile qui vous attend. » On concluait de cette menace que je savais beaucoup plus de choses que je n'en disais, et l'on m'interrogea de divers côtés. Je m'en défendis avec un naturel d'autant moins joué que je ne savais absolument rien du tout, si ce n'est qu'on était prêt.

Le Prince, debout au milieu du salon, avait près de lui un officier d'ordonnance, qui lui présenta successivement plusieurs personnes, parmi lesquelles était M. Alfred de Vigny. Il avait déjà, pour ses réceptions, une habitude qu'il conserva aux Tuileries : pendant qu'il s'entretenait avec quelqu'un, il jetait à la dérobée un regard autour de lui, pour voir si, parmi les visiteurs, il ne s'en trouvait pas auxquels il aurait quelque chose à dire. Connaissant cette habitude, j'avais soin de me tenir dans la sphère de ce regard scrutateur, et lorsque mes yeux avaient rencontré ceux du Prince, je savais, à ne pas m'y tromper, s'il avait ou non à me parler. Dans le premier cas, je me tenais à sa portée; dans le second, ma visite était faite, et je disposais de mon temps.

J'ai, pendant toute la durée de l'Empire, pratiqué cette réserve envers mes souverains. Certain de leur bonté pour moi, et sachant que leur porte ne m'était jamais fermée, dans les occasions sérieuses où j'avais le désir qu'elle s'ouvrît, je me tenais à l'écart dans les réunions publiques, n'ayant pas besoin de multiplier les assurances d'un dévouement dont Leurs Majestés ne doutaient pas, en les laissant entièrement libres pour les personnes qui avaient moins d'occasions ou de facilités de les voir de près. J'eus même plus d'une fois l'occasion de constater que les amis les plus éprouvés des souverains étaient, comme moi, les plus réservés, et il nous eût été souvent difficile, aux réceptions des Tuileries, de traverser, pour arriver à l'Empereur, la triple enceinte de ceux contre lesquels nous étions obligés de le défendre à la Chambre.

Pendant les présentations du 27 novembre, j'avais deviné, en rencontrant le regard du Prince, qu'il avait quelque chose à me dire. J'attendis. Les réceptions finies, il sortit du salon à pas lents, se dirigeant vers la salle où se tenait le conseil, et précédant son cabinet. En marchant, il m'adressa un long regard, qui voulait dire de le suivre. J'entrai dans la salle sur ses pas. Il marchait à pas lents, et je me mis à marcher à côté de lui, sans mot dire, attendant qu'il engageât la conversation. Alors, sans me regarder, il me tendit familièrement le petit doigt de sa main droite, ce qui était sa manière habituelle de donner la main à ceux qu'il aimait particulièrement, et puis, faisant allusion à la phrase finale de mon article du 24 et à l'épée du toréador, il commença ainsi l'entretien :

« — Quelque belle que soit l'attitude que vous m'avez donnée, je ne puis pas la garder indéfiniment.

« — Alors, dis-je avec vivacité, c'est pour bientôt ?

« — Oui, me répondit le Prince, en me regardant avec fermeté.

« — Prince, répliquai-je, vous m'avez fait l'honneur, à Saint-Cloud, de me promettre que j'en serais ? »

A cette observation, le Prince, qui s'était arrêté, reprit sa marche, et son regard, qui s'était fixé sur moi, se déroba en s'abaissant vers le tapis. C'était sa manière, douce et inflexible, de déclarer qu'il ne voulait pas répondre. Je la connaissais, je me le tins pour dit et je continuai de marcher, en écoutant.

« — J'approuve votre article, reprit le Prince, mais la situation est intolérable ; il faut recommencer, et en faire un second qui mette l'Assemblée en demeure de prendre un parti décisif. Dites-lui, au nom de la sécurité publique et des affaires, qu'il faut qu'elle essaie de gouverner elle-même, ou qu'elle me laisse gouverner paisiblement; qu'il est urgent qu'elle renonce à ses desseins menaçants contre le président de la République, ou qu'elle les accomplisse virilement, en prenant pour elle seule, la responsabilité du présent et de l'avenir. La seule chose que je ne saurai accepter, et que je ne tolérerai pas, c'est de voir mon autorité tenue en échec et ma responsabilité engagée malgré moi. Elle peut prendre un parti décisif, soit en remettant à flot la proposition des questeurs, soit en fabriquant quelque autre machine de guerre; mais qu'elle retienne bien ceci: nous sommes au cinquième acte de la pièce, et il faut que la toile tombe sur ma défaite ou sur la sienne. Allez, ne craignez pas d'en trop dire, et chauffez la chaudière énergiquement, car je désire qu'elle éclate. Je compte sur vous, n'est-ce pas?.

« — Prince, je tâcherai de répondre à votre confiance. »

Là-dessus, le Prince se retira dans ses appartements; et, de l'air le plus indifférent que je pus trouver, je traversai le salon de réception, qui commençait à se vider. Je sortis en ruminant l'article que le Prince m'avait demandé; mais quatre jours seulement nous séparaient du 2 décembre, et je n'eus pas le temps de le publier.

Le petit discours que le Prince m'avait tenu, chacun, amis comme ennemis, se l'adressait à lui-même. Le cri public était : « Il faut en finir ! » La difficulté de la situation, c'était d'en trouver l'issue. Alors commença la course aux solutions ; on discuta tout sérieusement, même le coup d'État.

Une première réunion eut lieu, vers le 20 novembre, chez M. le comte Daru, rue de Lille. Huit personnes, dont cinq encore vivantes, y assistaient ; c'étaient, avec M. Daru : M. Baroche, M. Fould, M. Buffet, M. de Montalembert, M. de Chassaigne-Goyon, M. Quentin-Bauchart et M. Rouher. En votant sur la révision de la Constitution, un conseil général, celui des Pyrénées-Orientales, avait proposé de l'opérer à la *simple majorité*, au lieu de la majorité des trois quarts, exigée par la Constitution. C'est à cette idée de majorité simple qu'on se rattacha.

M. Rouher posa la question avec une grande netteté, à l'aide d'un projet de décret contenant les cinq points suivants : 1° rééligibilité du Président ; 2° établissement de deux Chambres ; 3° organisation de ces deux Chambres par l'Assemblée actuelle ; 4° vote du décret à la simple majorité ; 5° décret soumis à la ratification du peuple.

C'était un coup d'État, puisqu'on sortait de la Constitution par la rééligibilité du Président, et par le vote à la simple majorité ; mais, aux yeux des hommes de bon sens, la ratification du peuple couvrait tout.

Les cinq parties du décret proposé furent acceptées à l'unanimité ; mais restaient deux hypothèses inévitables, sur lesquelles il fallait prendre un parti et sur lesquelles on se divisa.

Que ferait-on si, la simple majorité étant acquise au

décret, la minorité refusait d'obéir? Que ferait-on, si le décret n'obtenait pas même la simple majorité? Là était le véritable terrain du débat. La discussion fut vive et longue.

Cinq membres : **M.** Rouher, **M.** Baroche, **M.** Fould, **M.** Quentin-Bauchart, **M.** de Montalembert, furent d'avis que si une majorité simple adoptait le décret, il fallait passer outre à la résistance de la minorité, même par la force. Les autres membres objectaient, hésitaient, refusaient. Un député ayant dit qu'on rétablirait la Constitution de l'an VIII, M. Buffet répondit : « Constitution pour constitution, j'aime autant la constitution Marrast que la constitution Sieyès. »

La seconde hypothèse était de beaucoup la plus grave. Néanmoins, les cinq membres qui avaient accepté l'emploi de la force, pour le premier cas, l'acceptèrent pour le second. Ils dirent qu'il fallait, ou s'abstenir de porter le décret à la tribune, ou l'y faire prévaloir. Ils ajoutaient que, la sanction du peuple étant nécessaire, dans les deux cas, cette ratification couvrait toutes les responsabilités personnelles.

Sur ce second point, ceux qui n'avaient qu'hésité sur le premier, résistèrent absolument. M. de Montalembert, dont la parole était si énergique, si persuasive, si colorée, fit les plus grands efforts pour vaincre ces résistances : il échoua. M. le comte Daru lui dit même, avec quelque vivacité : « Si le gouvernement du Président faisait ce que vous lui conseillez, avant six mois vous lui feriez de l'opposition. » L'événement donna raison au comte Daru.

Les hésitations d'abord, les refus ensuite, ôtant toutes chances à la proposition, elle fut complètement abandonnée.

D'autres groupes, émus des mêmes préoccupations, élaborèrent aussi leurs programmes, dont la base était la rééligibilité du Président et la formation de deux Chambres. Telle était la proposition portée au Président par M. de Mouchy et M. Henri de Mortemart, au nom d'un grand nombre de leurs collègues, qui étaient d'avis de déposer une demande de plébiscite, destiné à prononcer sur ces deux points. On comptait sur deux cents signatures, et, le 30 novembre, la proposition en avait déjà reçu cent soixante.

Un groupe important, formé de députés libres d'engagements avec les vieux partis ou sans précédents parlementaires, conçut l'idée un peu plus nette de s'unir purement et simplement au président de la République, qui était, par ses six millions d'électeurs, la plus haute expression de la confiance nationale, et de lui déférer la charge de remettre la France en possession de sa souveraineté. Ce groupe, dans lequel figuraient notamment MM. Ferdinand Barrot, Bérard, Dabeaux, Ducos, Dumas, Augustin Giraud, Le Verrier, Mimerel, Vaisse, de Rancé, Lebœuf, se réunit, le 30 novembre chez M. Dariste, et le 1er décembre chez M. de Rancé. D'accord sur la nécessité d'agir, et d'agir vite, tous ces honorables députés se bornaient en définitive à commencer un coup d'État et à ne pas le finir. En s'arrêtant à mi-chemin, en hésitant devant l'emploi de la force, ils proposaient

12.

des solutions qui avaient l'inconvénient d'être illégales, sans avoir l'avantage d'être sûres.

Seul, M. de Montalembert avait, jusqu'au 30 novembre, osé être logique dans son opinion, en proposant de procéder, même par la force, à un appel au peuple. Un autre député, non moins logique et non moins résolu, fit proposer au Prince, le 1er décembre au soir, de monter à la tribune, et d'y prendre l'initiative d'un coup d'État, fait au nom et avec le concours du groupe conservateur, sous la protection de l'armée. C'était M. de Falloux. Je dirai un peu plus loin les circonstances et les conditions dans lesquelles cette proposition fut soumise à l'acceptation du Prince.

Ainsi, dans les groupes les plus attachés aux doctrines et aux pratiques parlementaires, il se trouvait des hommes qui, comme M. le comte Daru et M. Buffet, consentaient à examiner et à discuter sinon à sanctionner l'éventualité de l'emploi de la force contre l'Assemblée, s'il se trouvait dans son sein une simple majorité disposée à sortir de la Constitution. Ainsi, un homme aussi considérable et resté toujours aussi considéré que M. le comte de Montalembert, émettait hautement et énergiquement l'avis d'un recours à la force, pour arriver à consulter le peuple sur la prolongation des pouvoirs du Président et l'établissement d'une seconde Chambre haute, et l'on put voir M. de Falloux, un homme non moins estimé pour son caractère et aussi remarquable par son talent, faire offrir au Prince de prendre l'initiative, à la tribune, d'une demande de prolongation de ses pouvoirs, fallût-il, le cas échéant, s'appuyer sur l'armée.

C'est au milieu de cette atmosphère de résolutions énergiques et d'aspirations ardentes vers un régime nouveau, qu'on arriva à la soirée du 1er décembre 1851, marquée par une réunion extraordinaire et fort brillante à l'Élysée. J'y assistai, dans une ignorance absolue de ce qui devait se passer le lendemain. Beaucoup de députés y vinrent, s'entretenant tout haut d'éventualités considérées à la fois comme inévitables et prochaines. Mes compatriotes, MM. Denjoy et Bérard m'abordèrent ; et le premier, haussant la voix de façon à être entendu à dix pas, me dit : « Eh bien ! quand est-ce que vous nous mettrez à la porte ? »

A quoi je répondis sur le même ton : « J'espère, mon cher ami, que cela ne tardera pas. » Je ne savais certainement pas si bien dire.

Il y avait, pour ce soir, diverses représentations intéressantes, dont, à l'Opéra-Comique, *les Châteaux de Barbe-Bleue*. M. de Morny s'y rendit, et les visiteurs se retirèrent de bonne heure. M. le baron de Heeckeren était venu à moi, dans l'embrasure de fenêtre où m'avait laissé M. Denjoy, et j'étais fort attentif au récit qu'il me faisait, lorsque nous nous aperçûmes que nous étions seuls dans le salon. Nous sortîmes les derniers, et les portes se fermèrent sur nos talons. Il était un peu moins de onze heures. M. de Heeckeren m'accompagna jusqu'à ma porte, et voici la confidence qu'il me fit en chemin.

« — Je me suis rendu à l'Élysée vers six heures et demie, porteur d'une proposition de M. de Falloux. Berryer disait aujourd'hui qu'une entreprise contre la Chambre serait impossible, parce que les chefs de l'armée ne sont pas pour le Prince, et qu'il ne trouverait pas quatre hommes et un caporal pour le soutenir. Ce n'est pas l'avis de M. de Falloux : il voit un acte de vigueur inévitable, nécessaire et prochain, et il ne doute pas de sa réussite. Dans son opinion, cet acte doit être accompli avec le concours de la majorité. Il est résolu à en prendre l'initiative à la tribune, en le proposant à ses amis, qu'il espère entraîner ; mais il se déclare prêt à suivre le Prince jusqu'au bout, c'est-à-dire jusqu'à l'emploi de la force, si la Montagne résiste et arrive à une lutte matérielle. Comme condition de cette offre de concours, M. de Falloux demande la composition d'un grand ministère, formé avec tous les hommes éminents de a majorité, lesquels, en entrant aux affaires, prendraient l'engagement de prolonger les pouvoirs du président de la République.

« — Eh bien ! dis-je à M. Heeckeren, qu'a répondu le Prince à cette ouverture ?

« — Il était tard ; l'heure du dîner approchait. Le Prince m'a dit : « Restez avec nous ; je réfléchirai, et je « vous donnerai ma réponse dans la soirée. »

« — Vous avez causé avec lui après dîner ; a-t-il accepté la proposition ?

« — Pas formellement. « Je suis enchanté, m'a-t-il « dit, de la bonne nouvelle que vous m'apportez ; mais « il est tard ; je suis, vous le voyez, bien entouré et bien « absorbé ; venez me voir demain matin, à dix heures ; « nous en causerons. »

Nous arrivions à ma porte, et j'avais la main au bouton de la sonnette, lorsque M. de Heeckeren me dit :

« — Ne trouvez-vous pas, comme moi, que la proposition de Falloux est un fait considérable ?

« — Assurément, » répondis-je ; et nous nous séparâmes.

En prononçant ce simple mot, *assurément*, j'avais, paraît-il, je ne sais quel air, que le lendemain matin, en apprenant les graves événements en voie de s'accomplir, M. de Heeckeren se rappela et prit pour railleur. Il se crut un instant joué par le Prince et trompé par moi, et il en conçut une humeur passagère, dont il ne tarda pas d'ailleurs à revenir. Son bon sens lui fit comprendre que le succès de la détermination capitale du Prince lui avait imposé le secret le plus absolu ; et que le nombre de ses confidents avait dû se borner à celui des collaborateurs concourant directement et personnellement à l'exécution de ses ordres.

Assurément, si quelqu'un avait des droits aux confidences du président de la République, c'était notamment M. Boulay (de la Meurthe), vice-président de cette même République. Eh bien ! il passa tranquillement sa soirée au spectacle et il n'apprit les événements, tout vice-président de la République qu'il était, qu'à sept heures moins un quart, comme tout le monde.

En effet, le lundi, 1ᵉʳ décembre, M. Boulay (de la Meurthe), devait aller à la réception de l'Élysée, lorsqu'il reçut de M. de Thorigny, ministre de l'intérieur, sa loge d'avant-scène au Théâtre-Lyrique, pour la première représentation de *la Perle du Brésil*, de Félicien David.

Il y alla, avec son beau-frère et sa belle-sœur, M. et madame Evariste Bavoux.

Sa susceptibilité fut même d'abord quelque peu éveillée, et il resta quelque temps à se calmer par la réflexion.

XXI

PRÉPARATIFS SUPRÊMES

M. de Morny, M. de Maupas, M. de Saint-Arnaud, M. Mocquard, M. de Béville, réunis à l'Elysée. — Rôle de chacun. — On se sépare en s'embrassant. — M. de Béville se rend à l'imprimerie nationale. — Surprise de M. de Saint-Georges. — Préparatifs et ordres donnés par M. de Maupas.

Enfin, l'heure attendue depuis deux années vient de sonner. La France va prononcer entre l'Assemblée et l'Élu du 10 décembre, et disposer d'elle-même. Nous avions appelé de nos vœux incessants un plébiscite librement consenti ; il va falloir se contenter d'un appel au peuple obtenu par la force. En somme, le Prince va faire ce que le général Changarnier avait proposé en 1849, et ce que M. de Montalembert et M. de Falloux venaient de proposer à l'heure même. Ce que n'avaient osé faire ni les usurpateurs de 1830, ni les usurpateurs de 1848, pouvoirs tumultueux et illégaux, le Prince, pouvoir régulièrement élu et institué, n'hésite pas à le faire ; il remet au peuple le mandat qu'il en avait reçu, et se soumet volontairement à une consécration nouvelle.

Un peu après la fermeture des portes de l'Élysée, dans cette soirée du 1er décembre, M. de Morny, M. de Maupas et le général de Saint-Arnaud se rendirent auprès du Prince. M. Mocquard s'y trouvait. Il n'y eut d'abord que ces quatre personnes. M. le lieutenant-colonel d'état-major de Béville, officier d'ordonnance du Prince, y fut appelé vers onze heures et demie. Il n'y avait rien à écrire ; tout était prêt, c'est-à-dire, le décret de dissolution de l'Assemblée, la proclamation à l'armée et l'appel au peuple. M. de Morny acceptait toute la responsabilité politique, comme ministre de l'intérieur ; M. de Saint-Arnaud, pour les opérations militaires, comme ministre de la guerre ; M. de Maupas, pour les mesures de sûreté, comme préfet de police.

Les mesures suivantes furent convenues : les arrestations à opérer seraient faites à six heures et un quart ; les troupes arriveraient à leurs postes à six heures et demie ; le décret de dissolution et les proclamations partiraient de la préfecture de police à sept heures, pour aller couvrir immédiatement les murs de Paris.

A six heures et demie, M. de Morny, accompagné de deux cent cinquante chasseurs de Vincennes, prenait possession du ministère de l'intérieur, et remettait, dans son lit, à M. de Thorigny, un billet du Président, où il lui faisait part de l'acte auquel il s'était résolu, et le remerciait de ses bons services.

Ainsi, de six heures un quart à sept heures un quart, en une heure de temps, tout devait être accompli, et tout le fut.

Une résolution calme, c'est-à-dire une résolution gaie, présida à ces derniers apprêts. M. de Morny revenait de la première représentation des *Châteaux de*

Barbe-Bleue, opéra-comique de M. de Saint-Georges, où une dame, parlant des bruits de coup d'État qui couraient partout, lui demanda ce qu'il ferait s'il y avait « un coup de balai ». « Sur ma foi, madame, lui avait-il répondu en riant, je tâcherais de me trouver du côté du manche. » Un peu avant de se séparer, M. de Morny, s'adressant aux quatre personnes présentes, leur dit : « Il est bien entendu que chacun y est pour sa peau. » A quoi M. Mocquard répondit : « Sans doute, mais la mienne est déjà si usée, que je ne joue pas bien gros jeu. » On allait se séparer sur ce mot, lorsque le Prince embrassa ses collaborateurs et leur dit : « J'ai confiance dans le succès ; j'ai, comme toujours, à mon doigt une bague de ma mère, dont le châton porte pour devise *Espère !* »

MM. de Morny et de Saint-Arnaud rentrèrent chez eux, et M. Mocquard alla finir sa veillée au bal du mariage de la fille d'une de ses amies.

Sorti avec M. de Maupas et monté dans la voiture de ce dernier jusqu'au Pont-au-Change, M. de Béville, le décret et les proclamations dans sa poche, se dirigea vers l'Imprimerie Nationale, rue du Chaume, où une équipe d'ouvriers avait été consignée pour un travail urgent. Le directeur, M. de Saint-Georges, frère de l'auteur dramatique, avait été mandé à son poste, à onze heures précises, sous un prétexte plausible, et il attendait, assez contrarié d'avoir dû quitter l'Opéra-Comique avant la fin de la pièce de son frère. Il pressa M. de Béville de lui remettre les documents annoncés, pour les distribuer aux ouvriers ; mais le colonel allégua la nécessité d'attendre quelques instants l'arrivée d'une pièce qui n'était pas prête à son départ; et, à l'aide de questions sur la représentation et de quelques cigares, il gagna environ minuit et demi. Alors, des pas lourds et cadencés se firent entendre dans la rue ; M. de Béville se dirigea vers la porte. C'était une compagnie de gendarmerie mobile qui arrivait. Elle avait été commandée pour protéger l'imprimerie contre un danger supposé. Sur la remise d'un ordre, l'officier rangea une partie de ses hommes dans la rue, et fit entrer les autres. M. de Béville se fit indiquer toutes les portes et les fenêtres de l'imprimerie ; il y plaça des sentinelles, avec ordre d'empêcher les communications avec le dehors, sous quelque forme qu'elles pussent être tentées. C'est alors seulement que, rentrant dans le cabinet du directeur, il remit à M. de Saint-Georges, un peu ébahi, les pièces qui lui étaient confiées, surveilla personnellement l'impression, et alla en faire lui-même la remise à la préfecture de police.

Les arrestations étaient de beaucoup l'opération la plus délicate et la plus difficile. Elles devaient être faites vite, sans hésitation et sans éclat. Il fut convenu qu'elles seraient opérées toutes à la fois ; aucune n'exigea plus de vingt minutes.

Quel était le mobile des arrestations ? C'était le désir d'éviter, autant que possible, une lutte à main armée dans Paris, et de permettre aux populations, appelées au scrutin, de prononcer leur verdict paisiblement, loyalement, sans guerre civile. Mettre les principaux chefs des partis hors d'état d'agiter les esprits, et les chefs des sociétés secrètes d'élever des barricades, avait paru le moyen le plus propre à maintenir un calme relatif, souhaitable pour la grande consultation nationale qui allait s'ouvrir. Le consentement de l'Assemblée à la révision de la Constitution n'eût certainement pas empêché la prise d'armes des sections révolutionnaires, toujours organisées; mais il eût mis quelques députés, hommes considérables et respectables, à l'abri de précautions extrêmes, regrettées de ceux-là mêmes qui les jugeaient nécessaires à la paix publique. Ces graves mesures ont été et ont pu être diversement jugées : j'ai dû, en chroniqueur témoin des faits, caractériser avec exactitude la pensée qui les inspira.

M. Carlier avait légué à M. de Maupas un personnel remarquable par l'intelligence, l'habileté et le courage. Les personnes à arrêter s'élevaient à dix députés, et à soixante chefs de sociétés secrètes ou des barricades. Toutes ces personnes furent en quelque sorte gardées à vue pendant plus de huit jours, mais sans qu'aucun agent connût ou même soupçonnât le but de sa mission. Ils avaient ordre, non pas précisément de surveiller ces divers personnages, mais d'épier le moment où, soit de jour, soit de nuit, des réfugiés politiques, annoncés de Londres, viendraient se mettre en rapport avec eux. En réalité, aucun réfugié de Londres n'était attendu; mais ce prétexte tenait en éveil la vigilance des agents, et permettait à M. de Maupas de suivre, presque heure par heure, les soixante-dix personnes dont il devait s'assurer.

A onze heures du soir, le 1ᵉʳ décembre, huit cents sergents de ville et les brigades du service de la sûreté furent consignés à la Préfecture de police, toujours sous le prétexte de la présence à Paris des principaux réfugiés de Londres ; le 2 décembre, à trois heures et demie du matin, les officiers de paix et les quarante commissaires de police étaient convoqués à domicile, et, à quatre heures précises, tout le monde était arrivé et placé par petits groupes, dans des pièces séparées, pour éviter les questions.

A cinq heures, tous les commissaires descendirent un par un dans le cabinet du préfet, et reçurent de sa bouche la confidence pleine et entière de la vérité, avec les indications, les instruments, les mandats et les ordres nécessaires. Un choix attentif des agents, de leur caractère, de leur énergie, avait permis d'approprier chacun d'eux à la mission qui lui était individuellement réservée, et qu'ils acceptèrent tous avec résolution. Pas un seul ne manqua à son devoir. Les agents avaient ordre de se trouver à la porte des personnes désignées, à six heures cinq minutes, et de pénétrer à six heures un quart précises. Toutes les montres avaient été réglées sur la pendule du préfet. Afin d'éviter d'éveiller l'attention des passants, un grand nombre de voitures stationnaient, par petits groupes, sur les quais, et aux abords de la Préfecture.

Sur les dix arrestations de députés, deux seules me paraissent offrir quelque intérêt de curiosité : celle de M. le général Changarnier et celle de M. Thiers. J'ai eu dans les mains les procès-verbaux de toutes, que j'allai demander à M. de Maupas, en personne, et qui me les fit délivrer ; ces procès-verbaux étaient très courts et très précis. C'est à peu près à la reproduction de leur texte que je me borne, au sujet du général Changarnier et de M. Thiers.

XXII

ARRESTATIONS. — INTERVENTION DES TROUPES

Arrestation de M. le général Changarnier. — De M. Thiers. — Ils sont déposés à Mazas. — M. Thiers est d'abord ramené chez lui, puis envoyé à Kehl. — Arrestation des généraux Cavaignac, — de Lamoricière, — Bedeau, — Le Flô. — Je suis réveillé à six heures et demie, et je cours à l'Elysée. — Je vais à l'intérieur, où je trouve M. de Morny. — Réunion de députés à la Chambre. — M. Dupin aîné. — Réunion diverses de députés de l'opposition. — Réunion à la mairie du X⁰ arrondissement. — On y met le Prince hors la loi. — La réunion est enlevée par le général Forey. — Les députés sont mis au Mont-Valérien, à Vincennes, à Mazas. — Ils refusent de sortir, pour échapper à toute responsabilité. — Mission de M. de Heeckeren et de M. le duc de Mouchy au Mont-Valérien. — Les prisonniers refusent la liberté. — Proclamation du Prince au peuple et à l'armée.

L'arrestation du général Changarnier, considérée comme la plus importante de toutes, fut confiée à deux hommes d'une rare énergie : le commissaire Leras et le capitaine Baudinet, de la garde républicaine. Ils avaient, pour les assister, quinze agents choisis, trente gardes républicains et un piquet de dix hommes à cheval. Le général logeait rue du Faubourg-Saint-Honoré, n° 3. A six heures cinq minutes, le commissaire sonnait à la porte. Après le *qui est là*, d'usage, et la réponse *ouvrez, on veut vous parler*, le concierge refusa d'ouvrir. Cela prouvait qu'il était sur ses gardes, et un agent reçut, à voix basse, l'ordre de continuer à parlementer avec lui, pour l'empêcher de monter chez le général.

Dans la même maison, et à côté de la porte, se trouvait un magasin de liqueurs et d'épicerie, et quelques personnes étaient déjà au comptoir. Le commissaire supposa que le logement de l'épicier devait donner dans la cour; il entre, demande la clef impérativement, l'obtient, et pénètre dans la cour avec son monde. L'alarme avait déjà été donnée, avec un grand bruit de sonnettes, par le concierge, et le domestique du général fut trouvé sur le palier du premier étage; la clef de l'appartement, qu'il avait à la main, lui fut arrachée; le commissaire ouvrit la porte et entra.

En même temps, une porte de chambre à coucher s'ouvrait de l'intérieur, et le général parut en chemise, nu-pieds, un pistolet à chaque main.

« Qu'allez-vous faire, général, lui dit le commissaire; on n'en veut pas à votre vie; pourquoi la défendre? »
— Le général resta calme, livra ses pistolets, et dit :
« Je suis à vous, je vais m'habiller. »

Le général fut habillé par son domestique, et dit au commissaire : « Je sais que M. de Maupas est un homme bien élevé; veuillez lui dire que j'attends de sa courtoisie qu'il ne me prive pas de mon domestique, dont je ne puis me passer. » La requête fut immédiatement accordée.

En se rendant à Mazas, le général Changarnier parla de l'événement du jour. « La réélection du Président était certaine, dit-il ; il n'avait pas besoin de recourir à un coup d'État, et il s'est donné une peine bien inutile. » Puis, il ajouta : « Quand le Président aura la guerre à l'étranger, il sera content de me trouver pour me confier le commandement d'une armée. » Paroles remarquables, et qui montrent qu'à ce moment même, le général comptait sur la justice du Prince ; et qu'il se sentait pour lui assez d'estime, pour ne pas repousser l'idée d'être un jour son compagnon d'armes. Un peu plus tard, cédant à un sentiment de colère excusable, il écrivit, de Malines, au ministre de la guerre, une lettre violente, que j'ai en original, et que je donnerai dans le cours de ces *Souvenirs* ; mais le jour où la frontière fut menacée, le général Changarnier alla spontanément offrir ses services à l'Empereur. En ce moment triste et solennel, leurs vrais sentiments se montrèrent ; ils se jetèrent, sans mot dire, dans les bras l'un de l'autre ; et ils scellèrent leur réconciliation, en confondant leurs larmes et leurs regrets.

M. Thiers, quoiqu'il eût engagé la partie contre le Prince aussi vivement que le général, se montra moins beau joueur que lui en la perdant. Il parut n'avoir aucun sentiment des chances attachées à sa lutte suprême ; et, soit effet d'une peur vulgaire, soit saisissement intérieur dû à l'écroulement de son passé, il eut besoin d'être rassuré sur sa vie.

M. Thiers dormait profondément, lorsque le commissaire de police Hubaut aîné pénétra dans sa chambre à coucher, et écarta les rideaux en damas cramoisi, doublés de mousseline blanche. Réveillé en sursaut, il se mit vivement sur son séant, porta les mains à ses yeux sur lesquels s'abaissait un bonnet de coton blanc, et dit : « De quoi s'agit-il ? »

« — Soyez tranquille, on ne vous fera pas de mal ; on n'en veut pas à vos jours, répondit le commissaire, car M. Thiers était atterré ; je viens faire une perquisition chez vous.

« — Mais que prétendez-vous faire ; savez-vous que je suis représentant ? — Oui, sans doute ; mais je ne puis discuter les ordres que j'ai reçus. — Mais ce que vous faites là est un coup d'État ! — Monsieur Thiers, je n'ai pas à répondre à vos interpellations ; veuillez vous lever, je vous prie. — Savez-vous si je suis le seul dans le même cas ? En est-il de même de mes collègues ? — Monsieur, je l'ignore. »

M. Thiers se leva et s'habilla lentement. Lorsqu'il eut ôté sa chemise de nuit, oubliant qu'il n'avait pas passé l'autre, il croisa ses bras et recommença ses interpellations au commissaire de police. « Ce que vous faites peut vous faire porter votre tête sur l'échafaud ! — Monsieur Thiers, j'ai un devoir à remplir. — Mais, monsieur, si je vous brûlais la cervelle ? — Je vous crois incapable d'un pareil acte, monsieur Thiers ; mais en tout cas, j'ai pris mes mesures, et je saurais bien vous en empêcher. Je n'ai pas mission de discuter avec vous, j'exécute les ordres qui me sont donnés, comme j'aurais exécuté les vôtres, quand vous étiez ministre de l'intérieur. »

Prié de descendre et de partir, M. Thiers se troubla,

parut craintif et plein d'hésitation dans ses mouvements. On lui laissa croire qu'il était conduit près du préfet de police. La direction que prit la voiture augmenta ses appréhensions ; et le procès-verbal constate qu'en route « il s'efforça, par toutes sortes de raisonnements captieux et comminatoires, de détourner les agents de l'accomplissement de leurs devoirs ».

Arrivé à Mazas, M. Thiers demanda s'il pourrait avoir son café au lait, comme à son ordinaire. On le combla de toutes les attentions compatibles avec les circonstances. Il faut bien le dire, son courage l'abandonna entièrement, et le procès-verbal du commissaire Hubaut constate avec cruauté des défaillances intérieures.

Dispensé du transfèrement à Ham, M. Thiers fut ramené chez lui ; mais, par une nouvelle décision, du 8 décembre, il dut être conduit sur la rive droite du Rhin, au pont de Kehl. C'est en souvenir de ce désagrément et du récit que j'en fis en 1852, que, par dépêche adressée à M. Brun, préfet du Gers, M. Thiers, sous le prétexte de veiller à ma sûreté, me fit enlever de mon lit, au mois de mai 1871 ; et, après m'avoir enfermé et retenu six jours dans la geôle d'Auch, me fit conduire en Espagne sur la rive gauche de la Bidassoa, au pont d'Hendaye.

Donc, le 8 décembre, l'officier de paix Windenbach alla prendre M. Thiers chez lui, à six heures du soir. M. Mignet et un autre ami l'accompagnèrent jusqu'à la gare du chemin de fer de Strasbourg, et M. Grangier de la Marinière l'accompagna jusqu'à Kehl.

De Kehl, M. Grangier de la Marinière apporta à l'officier de paix une lettre de protestation. M. Thiers se rendait à Francfort, et de là, à Dresde, pour y faire de la peinture.

En quittant son hôtel de la place Saint-Georges, M. Thiers avait pleuré amèrement, et, le soir du 4 septembre 1870, dans une réunion qui eut lieu à la présidence du Corps législatif, il rappela avec amertume aux députés présents qu'il avait été à Mazas. Il n'avait de mémoire fidèle que pour ses propres mécomptes; il oubliait facilement les longues années d'exil du Prince, sa captivité à Ham et jusqu'au projet que lui, M. Thiers, avait discuté avec M. de Lamoricière et M. le général Changarnier, de l'enlever de l'Élysée et de le mettre à Vincennes, pour proclamer sa déchéance.

L'arrestation des autres députés ne fut ni plus longue, ni plus difficile.

Le général Cavaignac, logé rue du Helder, 17, ouvrit lui-même sa porte sur la menace qui lui fut faite de l'enfoncer; et, selon le désir qu'il en exprima, il fut conduit à Mazas sans escorte, dans la voiture du commissaire Colin.

Le général de Lamoricière, logé rue Las Cazes, 11, ne fit aucune résistance, et monta dans la voiture du commissaire Blanchet, avec les agents. En passant devant le poste de la Légion d'honneur, il tenta de haranguer les soldats; mais il en fut immédiatement empêché. Arrivé à Mazas, il pria le commissaire Blanchet de lui envoyer l'*Histoire de la Révolution* et des cigares, ce qui fut fait avec empressement.

Le général Bedeau, logé rue de l'Université, 50, après s'être paisiblement habillé, refusa de partir. Il obligea le commissaire Hubaut jeune de le faire charger sur les épaules de ses agents, qui le portèrent dans la voiture, pendant qu'il criait bien inutilement : « Aux armes ! »

Enfin, j'ai lu dans le procès-verbal du commissaire Bertoglio, que M. le général Le Flô, logé à la questure, proféra beaucoup d'injures contre le Prince-Président, et qu'il assura que ses amis politiques et lui le fusilleraient à Vincennes. Il voulut, en sortant du Palais, haranguer les soldats du 42e de ligne, qui croisèrent la baïonnette sur lui.

Arrivé à Mazas, M. le général Le Flô parut fort animé. Ayant rencontré au greffe quelques collègues, notamment le fameux clubiste Charles Lagrange, celui-ci lui dit : « Qu'avez-vous-donc pour être si fort en colère, général ? Nous voulions mettre le président de la République dedans ; c'est lui qui nous y met. Bien joué, ma foi ! Quant à moi, je ne lui en veux pas le moins du monde. »

Ces paroles confirmées par le procès-verbal de l'arrestation de Charles Lagrange (1), me furent certifiées plus tard par M. le colonel Thiérion, nommé gouverneur de Mazas, pendant la crise du 2 décembre.

Ainsi, toutes les arrestations étaient terminées, sans éclat, sans encombre, sans bruit, à six heures et demie, le 2 décembre, au moment où les troupes arrivaient aux

---

(1) C'est par erreur que j'avais désigné M. le général de Lamoricière comme celui auquel les paroles de Charles Lagrange furent adressées.

postes qui leur avaient été assignés, et lorsque Paris s'éveilla, il trouva la besogne faite.

Moi-même, je fus réveillé à cette heure par cette nouvelle, qui courut le quartier, rapide comme la foudre : « On a voulu arrêter le Prince cette nuit ; mais il a été plus habile que ses ennemis, et c'est lui qui a fait arrêter le général Changarnier. » Telle fut la formule que, fidèle écho des premiers bruits publics, mon concierge Lomer donna à l'événement. Je n'eus pas de peine à démêler la vérité. « C'est fait ! » tel fut mon premier mot. Je m'habillai à la hâte et je courus à l'Élysée.

Il faisait à peine jour. Les deux trottoirs de la rue du Faubourg-Saint-Honoré étaient couverts de troupes, immobiles et l'arme au pied. Des afficheurs, montés sur de courtes échelles, collaient des papiers sur les murailles. C'étaient les proclamations et les décrets, dont je parlerai, et autour desquels les passants, encore peu nombreux, s'arrêtaient.

A l'entrée du Faubourg-Saint-Honoré, à gauche, on causait paisiblement devant la maison portant le n° 3, brûlée depuis, sous la Commune, et où avait été arrêté le général Changarnier. Chaque quartier ne connaissait encore, en fait d'arrestations, que celle qu'il avait vu faire.

Lorsque j'entrai dans la salle des officiers d'ordonnance, à l'Élysée, ces messieurs m'accueillirent avec une joie sur laquelle je n'ai pas besoin d'insister ; là étaient le général Roguet, les colonels Edgard Ney et Fleury, et une pléiade de jeunes officiers, Excelmans, Toulongeon, Petit. Mais ils ne savaient absolument rien de l'état précis des choses, car ils n'avaient connu l'événement qu'à six heures et demie, comme moi, et par l'arrivée des troupes du général Canrobert, dont la brigade enveloppait le palais.

J'appris d'eux que M. de Morny était au ministère de l'intérieur. J'y courus aussitôt.

M. de Morny était seul, et à peine installé. Il m'a, depuis lors, rappelé bien souvent que ma figure fut, ce jour-là, la première qu'il eût aperçue. Il était calme et gai, comme le sont les hommes froidement résolus, et qui ont pris leur parti. Il était dans le secret de ce qui avait été résolu, la veille au soir, et il put m'en révéler les parties essentielles, puisque les mesures arrêtées venaient de s'accomplir; mais lui-même n'avait encore appris que les arrestations que M. de Maupas lui avait transmises par le télégraphe spécial qui reliait la préfecture de police au ministère de l'intérieur.

Je le quittai pour aller aux nouvelles et pour étudier les dispositions de l'opinion publique.

C'est aussi au petit jour, à six heures et demie, comme tout le monde, que M. Dupin aîné, président de l'Assemblée, apprit qu'il y avait du nouveau, en voyant briller sur le quai, à la clarté des réverbères, les baïonnettes de la brigade Rippert, qui enveloppait le palais législatif et ses dépendances. Il comprit sans peine la cause de ce déploiement de troupes, que M. le colonel Espinasse, commandant le 42e de ligne, vint lui confirmer courtoisement. M. Dupin crut devoir immédiatement faire convoquer ses collègues à domicile, précaution inutile, car le palais était cerné.

Néanmoins, une consigne mal donnée avait permis à une soixantaine de députés de pénétrer individuellement dans le palais, par une petite porte ouvrant sur la rue de Bourgogne. La discussion était vive dans la salle des Conférences et dans la salle Carrée, où sont les statues de Mirabeau et de Bailly. Quelques députés, conduits par M. Desmousseaux de Givré, allèrent chercher M. Dupin, qui conseilla sagement aux discoureurs de céder à la force, en réservant le droit. Après quoi, M. Dupin remonta dans son appartement, où deux sentinelles placées à sa porte, le déchargèrent de toute responsabilité pour le reste de la journée.

La discussion se prolongeant dans la salle des Conférences, un bataillon de gendarmerie mobile, conduit par le commandant Saucerotte se présenta. Le commandant déclina avec autant d'esprit que de convenance l'examen de l'article 68 de la Constitution, que M. Monet lui opposait, et il poussa tout doucement dehors cette fausse représentation nationale.

Pendant ces pourparlers, un député, grave et silencieux, s'appuyait sur le marbre de la cheminée monumentale; c'était M. Michel de Bourges. Le 17 novembre précédent, pendant la discussion de la proposition des questeurs, cet honorable député, raillant ceux qui craignaient pour la solidité de la République, s'était écrié : « Il n'y a point de danger pour elle. Il y a ici une sentinelle invisible qui nous garde, c'est le peuple. » Un collègue vint frapper légèrement sur l'épaule du rêveur, et lui dit : « Eh bien, où est-elle, ce matin, ta sentinelle invisible ? » — Celui qui lançait cette dure parole était M. Marc Dufraisse; il constatait ainsi que la sentinelle n'était pas seulement invisible, mais qu'elle était imaginaire; car si les clubistes vont faire quelques efforts pour défendre la République, le vrai peuple l'abandonnera.

Telle fut la résistance que l'acte du 2 décembre rencontra dans l'enceinte du Corps législatif. Elle avait cessé avant huit heures du matin.

A la même heure, les députés dévoués à la cause du Président, qui se réunissaient place des Pyramides, n° 3, dans la maison de M. Bavoux, accoururent de tous côtés. M. Léon Faucher, quoique ancien ministre du Prince, s'y montra ému, pâle et violent; moins cependant que M. Wolowski, son beau-frère. Il leur fut répondu par M. Baroche que puisqu'ils faisaient allusion à des barricades, leur place naturelle était de l'autre côté, dans les rangs de ceux qui voulaient les défendre, et non parmi ceux qui étaient résolus à les renverser. Ces deux honorables étaient des parlementaires, hardis à la parole, mais prudents à l'action.

A dix heures, une réunion de députés montagnards eut lieu rue des Petits-Augustins, n° 1, sous la présidence de M. Crémieux. Informée du fait, l'autorité envoya des forces, et les députés furent enlevés.

C'est aussi à dix heures que s'organisa chez M. Odilon Barrot, pour se transporter de là à la mairie du dixième arrondissement, rue de Grenelle-Saint-Germain, n° 7, une réunion d'environ deux cent dix-sept députés, orléanistes et légitimistes.

Accourus d'abord rue de la Ferme-des-Mathurins, chez le chef de la gauche, les membres de cette réunion étaient animés d'un esprit asséz bruyant de protestation et de résistance. Pour mieux se concerter et se trouver plus à portée de la Chambre, ils se transportèrent de chez M. Odilon Barrot, rue de la Ferme-des-Mathurins, chez M. le comte Daru, rue de l'Université. D'accord sur le but, ils se dirigèrent de là vers la porte du palais législatif, donnant sur la rue de Bourgogne, et faisaient mine de la forcer ; mais le 3ᵉ bataillon de chasseurs à pied, aux ordres du chef de bataillon Duplessis, de la brigade Rippert, chargea ses armes à leur arrivée, ce qui leur inspira la sage pensée de s'arrêter d'abord et de se retirer ensuite.

Quelle idée les détermina alors à traverser tout le noble faubourg, et à se transporter rue de Grenelle-Saint-Germain, à la mairie du dixième arrondissement ? M. de Maupas me dit, peu de jours après, qu'il résultait de papiers saisis à la questure que les chefs des coalisés s'étaient crus fondés à compter sur le concours de la 10ᵉ légion de la garde nationale. On va voir que leur espoir n'était qu'une pure illusion.

Vers midi, ces députés s'étaient constitués, sous la présidence de M. Benoît-d'Azy. Ils n'étaient, tous comptés, que deux cent dix-sept, c'est-à-dire moins du tiers de l'Assemblée, et cependant ils agirent comme s'ils avaient été investis de pouvoirs plus grands que ceux de l'Assemblée elle-même. Eux, qui reprochaient au président de la République de violer la Constitution, ils la foulèrent aux pieds sans scrupule. Ils prononcèrent la déchéance du Prince, nommèrent M. le général Oudinot au commandement de l'armée, et M. le général de Lauriston au commandement de la garde nationale ; mais toute cette agitation fiévreuse se montrait prodigue de paroles, sobre d'actions. Les généraux nommés ne semblaient pas croire à leurs pouvoirs. Aucun n'était pressé d'endosser l'uniforme ou de ceindre l'épée.

Bientôt, la scène changea ; des agents, appuyés d'une partie de la brigade Forey envahirent la mairie ; les députés, après force harangues stériles, furent placés dans un carré de soldats, et conduits, au milieu d'une foule curieuse, mais indifférente, à la caserne du quai d'Orsay, où se trouvait le 7e régiment de lanciers, aux ordres du colonel Féray. MM. de Broglie, Odilon Barrot, Berryer et Dufaure furent logés dans l'appartement du colonel ; mais, vers minuit, M. Dufaure et M. de Broglie furent mis en liberté, par ordre de M. de Maupas. Leurs collègues de la mairie du dixième, poussés dans des omnibus ou dans des fiacres, furent dirigés, à l'entrée de la nuit, sur le Mont-Valérien, Mazas et Vincennes. M. Berryer parut avoir conservé quelque espoir d'être délivré par un soulèvement de la population. Cet espoir s'évanouit devant la réponse du colonel Féray : « Il faut en prendre votre parti, messieurs, dit-il à ses hôtes, toute l'armée est engagée dans cet événement ; elle ira jusqu'au bout, coûte que coûte. »

L'attitude qu'affectèrent de garder les députés enlevés à la mairie du Xe arrondissement ne laisse, d'ailleurs, aucun doute sur leurs intimes pensées. Quoiqu'ils eussent prononcé la déchéance du Prince, et nommé deux généraux au commandement de l'armée et de la garde nationale, ils ne croyaient réellement ni à leur droit ni à leur pouvoir, car il en coûta plus pour les faire sortir de prison que pour les y mettre. M. de Mouchy et M. de Heeckeren, envoyés par le Président au Mont-Valérien, avec des pleins pouvoirs pour mettre leurs collègues en liberté, revinrent avec un refus. Ils aimaient mieux rester dedans, en victimes et sans responsabilité, que de se trouver dehors, avec l'obligation de prendre un parti, pour ou contre les événements qui s'accomplissaient. Donc, au Mont-Valérien, comme à Vincennes et à Mazas, il fallut les pousser doucement dehors, et leur rendre une liberté gênante, surtout pour ceux qui avaient pris l'initiative d'une résistance à main armée.

Cette réunion des députés à la mairie du dixième, restée généralement ignorée sur la rive droite de la Seine, pendant une partie de la journée, fut la dernière convulsion de la journée du 2 décembre. Les arrestations avaient été opérées avec tant d'habileté, les troupes étaient arrivées sur les points indiqués avec tant d'exactitude, enfin le fait accompli s'était manifesté avec tant de précision, de calme et de courage, qu'il n'y eut qu'un cri général : *C'est bien joué*, et l'acte du Président, dans lequel il s'était montré secret, résolu et fort, fut partout accepté avec cette seule réserve : *Réussira-t-il ?*

Le vœu public et nullement dissimulé, le mardi 2 décembre, c'était que l'acte réussît.

Et pourquoi cet acte énergique n'aurait-il pas réussi ? Que demandait donc le prince Louis-Napoléon au peuple ou à l'armée ? Demandait-il qu'on lui remît, par la force, un pouvoir follement ambitionné ?

Nullement !

Au peuple, remis en possession du suffrage universel, par l'abolition de la loi du 31 mai, le Prince demandait de se rendre paisiblement au scrutin et d'y voter selon sa conscience.

A l'armée, laissée sous le commandement de ses chefs habitués et respectés, le Prince demandait de contenir les émeutiers, de plier la force brutale des clubs à la règle légale; enfin de maintenir la sécurité des votes, et d'aider la France à manifester ses véritables sentiments.

En effet :

Dans sa proclamation au peuple français, le Prince s'exprimait ainsi :

« Je fais un appel loyal à la nation tout entière, et je vous dis : Si vous voulez continuer cet état de malaise qui nous dégrade et compromet notre avenir, *choisissez un autre à ma place*, car je ne *veux plus d'un pouvoir qui est impuissant à faire le bien*, me rend responsable d'ates que je ne peux empêcher et m'enchaîne au gouvernail, quand je vois le vaisseau courir vers l'abime.

« Si, au contraire, vous avez encore confiance en moi, donnez-moi les moyens d'accomplir la grande mission que je tiens de vous.

« Cette mission consiste à fermer l'ère des révolutions en satisfaisant les besoins légitimes du peuple, et en le protégeant contre les passions subversives; elle consiste surtout à créer des institutions qui survivent aux hommes, et qui soient enfin des fondations sur lesquelles on puisse asseoir quelque chose de durable.

« Persuadé que l'instabilité du pouvoir, que la prépondérance d'une seule Assemblée sont des causes permanentes de trouble et de discorde, je soumets à vos suffrages les bases suivantes d'une constitution que les assemblées développeront plus tard :

« 1° Un chef responsable, nommé pour dix ans;

« 2° Des ministres dépendants du pouvoir exécutif seul;

« 3° Un Conseil d'État formé des hommes les plus distingués, préparant les lois et en soutenant la discussion devant le Corps législatif;

« 4° Un Corps législatif discutant et votant les lois, nommé par le suffrage universel, sans scrutin de liste qui fausse l'élection;

« 5° Une seconde Assemblée, formée de toutes les illustrations du pays, pouvoir pondérateur, gardien du pacte fondamental et des libertés publiques.

« Ce système, créé par le Premier Consul au commencement de ce siècle, a déjà donné à la France le repos et la prospérité : il les lui garantirait encore.

« Pour la première fois, depuis 1804, vous voterez en connaissance de cause, en sachant bien pour qui et pour quoi.

« *Si je n'obtiens pas la majorité de vos suffrages, je provoquerai la réunion d'une nouvelle Assemblée, et je lui remettrai le mandat que j'ai reçu de vous.*

« Mais si vous croyez que la cause dont mon nom est

le symbole, c'est-à-dire la France régénérée par la révolution de 89 et organisée par l'Empereur, est toujours la vôtre, proclamez-le, en consacrant les pouvoirs que je vous demande. »

Dans sa proclamation à l'armée, le Prince disait : « Soldats, je compte sur vous, non pour violer les lois, mais pour faire respecter la première loi du pays, la souveraineté nationale, dont je suis le légitime représentant. »

Ainsi, ce que le Prince demandait au peuple et à l'armée, c'était ce que les conseils généraux et quinze cent mille pétitionnaires avaient demandé, au nom de la France : un appel au peuple et un plébiscite.

XXIII

L'ARMÉE ET L'ÉMEUTE

Nombre des brigades. — Discours que le général Magnan avait adressé aux généraux. — Journée du 2. — Auguste Lireux et le commandant Saucerotte. — Détails sur les journées du 2 et du 3. — Incidents. — Journée du 4. — Elle est la seule sérieuse. — Détails. — Le soir du 4, tout est fini. — La vérité sur les dépêches de M. de Maupas. — M. Victor Hugo et M. Véron se cachent.

Pour appuyer cet appel à la nation, et maintenir la liberté du scrutin contre les clubs et les partis rivaux, le Prince réunissait autour de lui l'armée de Paris, comprenant dix brigades d'infanterie, commandées par les généraux de Cotte, de Bourgon, Canrobert, Dulac, Sauboul, Forey, Rippert, Herbillon, Marulaz, de Courtigis, et une brigade de cavalerie, commandée par le général Reybell, le tout endivisionné sous les généraux Carrelet, Renaud et Levasseur.

Il ne fut appelé du dehors, pendant les journées de décembre, que la division de grosse cavalerie de Versailles, commandée par le général Korte, et comprenant la brigade de Tartas et la brigade d'Allonville.

Je conserve dans mes papiers, avec une lettre d'envoi du général Magnan, ministre de la guerre, que voici, l'état détaillé et complet de l'emplacement de l'armée de Paris, dressé et certifié par M. le colonel chef d'état-major général de Rouvray.

« Mon cher monsieur de Cassagnac.

« J'ai l'honneur de vous adresser la composition de l'armée de Paris à l'époque du 2 décembre, et de vous renouveler tous mes sentiments d'estime et bien affectueux.

« Le maréchal MAGNAN. »

Que devait-on attendre d'une telle armée, commandée par de tels hommes? Un fait sans exemple, resté ignoré pendant bien longtemps et que j'ai révélé le premier, va le faire comprendre.

Le 26 novembre, à l'insu du président de la République, le général Magnan réunit dans son salon, aux Tuileries, vingt généraux ; il leur exposa rapidement l'état de la France et la résolution qu'il savait au Prince de faire procéder à un appel au peuple, malgré l'Assemblée, puisqu'elle se refusait à consulter la nation, et de placer le vote sous la protection de l'armée, pour en mettre la sincérité hors de l'atteinte des factions. Il se déclara fermement résolu à engager sa responsabilité dans une entreprise destinée à protéger la libre expression de la volonté publique ; ajoutant que si quelqu'un des généraux présents croyait sa conscience engagée à ne pas entrer dans cette voie, il le priait de s'en ouvrir avec franchise, s'en rapportant à l'honneur de tous et de chacun sur le secret à garder au sujet de l'ouverture qu'il venait de faire.

Assurément, la démarche du général Magnan était délicate, car le secret qu'il venait de révéler n'était pas exclusivement le sien ; avec des personnes moins expressément dirigées par le sentiment de l'honneur, elle eût été bien dangereuse ; mais, à l'appel qui venait de leur être adressé, le général Reybell, homme d'une rare énergie, répondit, au nom de tous ses camarades, qu'ils entendaient s'associer à l'ordre d'idées exposé par le commandant en chef de l'armée de Paris, et que, quelle que fût l'heure où le Prince les appellerait à protéger le suffrage universel, il n'en était pas un seul parmi eux qui ne se considérât comme engagé à le suivre.

Après la chaleureuse acclamation qui accueillit les paroles du général Reybell, tous les généraux s'embrassèrent. Alors, le général Magnan reprit la parole, et dit : « Jurons tous ici que pas un de nous ne parlera à qui que ce puisse être de ce qui vient de se passer entre nous. » Les vingt et un généraux jurèrent le secret, et il fut si religieusement gardé, que plus de cinq ans après, en 1857, je fus le premier à faire connaître cette réunion mémorable, conformément à la note qui me fut remise, avec l'état de la distribution des troupes, au 2 décembre, par le maréchal Magnan lui-même.

Les vingt et un officiers généraux présents à cette réunion étaient MM. les généraux Magnan, Cornemuse,

Hubert, Sallenave, Carrelet, Renault, Levasseur, de Cotte, de Bourgon, Canrobert, Dulac, Sauboul, Forey, Rippert, Herbillon, Marulaz, de Courtigis, Korte, de Tartas, d'Allonville et Reybell.

Après cette séance, la résistance à l'appel à la nation, quelle qu'elle pût être d'ailleurs, était d'avance vaincue. C'est contre une armée résolue à maintenir l'ordre que l'émeute va se briser.

La journée du mardi 2 décembre fut assez calme et se réduisit aux courtes et impuissantes protestations que j'ai racontées. Il n'y eut pas de lutte proprement dite.

Les typographes des journaux suspendus le matin, poussés par un ressentiment assez naturel dans leur situation, se laissèrent entraîner à quelques désordres sans gravité, excités et soutenus qu'ils étaient par quelques journalistes, parmi lesquels se firent remarquer Auguste Lireux et Eugène Forcade.

Eugène Forcade rédigeait la *Patrie*, journal traditionnellement honnête et conservateur; mais il avait lui-même, comme je l'ai déjà dit, d'étroites relations avec le général Changarnier. Auguste Lireux, quoique mon ancien collaborateur à l'*Époque* et mon collaborateur actuel au *Constitutionnel*, était franchement républicain. Il avait beaucoup d'esprit, mais il en manqua en cette circonstance. Il traitait, même avec moi, le prince Louis-Napoléon de *Soulouque*; et il me reprocha, le soir, au *Constitutionnel*, où il était venu corriger des épreuves, de « donner dans la *Soulouquerie* du 2 décembre. » Le 3, il se montra plus imprudent, et il faillit lui en cuire : car, vu ou dénoncé comme venant de tirer un coup de pistolet sur la troupe, il fut saisi et gardé jusqu'au soir par un peloton de quatre soldats, avec une destination vague, mais inquiétante. Il se tira d'affaire pour le moment auprès du commandant Saucerotte, qui était heureusement aussi spirituel que lui, à l'aide d'un discours fort éloquent, où il invoqua sa collaboration au *Constitutionnel*, dont la *Soulouquerie* lui rendit alors un grand service.

Une brigade de grosse cavalerie, commandée par le général Korte, fit, vers quatre heures, une promenade militaire sur le boulevard, depuis la Madeleine jusqu'à la Bastille. Elle n'y eut affaire qu'aux menaces contenues du riche quartier de l'Opéra toujours aussi sensé que le 24 février 1848, jour où il aida à proclamer la République, qu'il exécrait, et qu'il essaya de renverser plus tard, à l'aide de la fameuse démonstration des bonnets à poil ; mais les soldats, malins puisqu'ils sont Français, répondirent lazzi pour lazzi, aux gants jaunes, avec la supériorité du railleur qui a la force de son côté.

Il n'y eut dans cette promenade qu'un incident. Le colonel Fleury, l'un des aides de camp du Prince, qui accompagnait le général Korte, reçut, vers la Porte Saint-Martin, une balle à la tête. Fortement contusionné, il s'affaissa sur le pommeau de la selle, et on le crut tué. Il revint néanmoins à lui, et il put rentrer à l'Elysée.

Avant cette promenade militaire, et vers midi, le président de la République sortit de l'Élysée pour aller passer la revue générale des troupes sous les armes. Il était accompagné des maréchaux Jérôme Bonaparte et Excelmans, des généraux de Saint-Arnaud, Magnan,

Schramm, de Flahaut, de Lawœstine, commandant les gardes nationales de la Seine, des colonels de Béville, Fleury et Edgard Ney. Plusieurs députés s'étaient joints au cortège.

Les soldats et la foule accueillirent le Prince avec les plus vives acclamations; mais lorsqu'il fit ouvrir la grille du pont tournant, pour aller passer en revue la brigade Dulac, massée dans le jardin des Tuileries, on crut qu'il allait prendre possession du château, et un immense hourra salua cette première lueur du second Empire. J'étais, en ce moment, avec la rédaction du *Constitutionnel*, dans la chambre de M. Véron, au balcon qui domine le jardin ; et là, trompés, comme toute la rue, nous nous associâmes à la traînée des cris de *Vive l'Empereur!* qui s'étendit de la rue de Castiglione au pavillon Marsan, c'est-à-dire du premier siège de la Constituante au siège de la Convention.

A onze heures du soir, toutes les troupes étaient rentrées, et Paris avait repris son calme ordinaire; mais les sociétés secrètes, réunies et en permanence, délibéraient sur les conditions, les lieux et l'heure de la prise d'armes du lendemain.

J'ai entendu dire à M. Delessert, à M. Carlier, à M. de Maupas, à M. Piétri, c'est-à-dire aux hommes qui connurent le mieux les bas-fonds de Paris, que les sociétés secrètes, dont les cadres n'ont jamais cessé d'exister et dont le personnel est indestructible, ont à leur disposition un personnel actif de quatre à cinq mille individus, toujours prêts à imprimer le mouvement, et un personnel expectant, d'environ le double, habituellement prêt à le suivre. Si ce personnel reste isolé du vrai peuple, c'est-à-dire des ouvriers honnêtes, on n'est exposé qu'à une échauffourée; si ce personnel est appuyé de la population, il peut y avoir bataille; mais, restés seuls, les conspirateurs de profession sont toujours impuissants.

Le mercredi 3 décembre, l'insurrection resta isolée. Le vrai peuple, à qui le Président rendait le libre exercice du suffrage universel, se trouvait désintéressé dans la lutte, puisque, armé de son vote, et appelé à un plébiscite, il restait toujours le maître de choisir son gouvernement. L'émeute ne pouvait avoir en sa faveur que les sectaires, c'est-à-dire ces étranges républicains qui faisaient un crime au Président de demander le pouvoir à la confiance de la nation, et qui trouvent toujours naturel et légitime de se l'attribuer eux-mêmes, en le prenant de leurs propres mains.

L'émeute se montra d'abord au faubourg Saint-Antoine. Repoussée et dépostée par la brigade Marulaz, elle essaya d'agiter le quartier Saint-Martin; mais chassée une seconde fois par la brigade Herbillon, elle se dirigea sur la rive gauche de la Seine, où elle essaya inutilement d'attirer dans la lutte les faubourgs Saint-Jacques et Saint-Marceau.

Vers quatre heures, des barricades se forment aux environs de la porte Saint-Denis, rue Saint-Martin et rue Rambuteau, mais aucune ne tient sérieusement, la population ouvrière refusant de s'associer à la prise d'armes, et laissant percer, en faveur du gouvernement, une adhésion fort peu dissimulée.

Pendant cette journée du 3, la majeure partie des brigades reste dans les casernes, et celles qui combattent n'agissent que par faibles détachements. Vers dix heures du soir, des attroupements nombreux se forment sur le boulevard des Italiens; mais ils sont dispersés par une marche en avant du 1er lanciers, aux ordres du colonel de Rochefort. A onze heures, Paris semble plus calme; les troupes sont généralement rentrées, mais les insurgés se concertent pour la journée du lendemain, qui sera à la fois sérieuse et définitive.

Le ministre de la guerre profita de ce calme relatif pour faire conduire sous escorte, de la prison de Mazas à la gare du Nord, huit représentants, destinés à être transférés à la forteresse de Ham. Dans le cours du voyage, ces représentants, accueillis dans les gares aux cris de *Vive Napoléon!* purent ainsi constater que l'opinion des provinces ne leur était pas favorable.

Deux incidents signalèrent cette journée du 3. Le matin, le représentant Baudin fut tué près d'une barricade du faubourg Saint-Antoine, dans un engagement avec des détachements de la brigade Marulaz. Le soir, quelques-uns de ces incorrigibles badauds de Paris, qui mettent de la passion et trouvent du plaisir à tout voir, même une charge de cavalerie, périrent par malheur et par hasard, au boulevard Montmartre, pendant la marche en avant du 1er lanciers, dispersant les vrais émeutiers.

Le soir du 3 décembre, le problème de l'insurrection était véritablement résolu pour tous les hommes de bon sens; la résistance était impossible, matériellement à cause du nombre et de l'élan des troupes, moralement à cause de l'indifférence de la population pour les émeutiers. Une seule chance leur restait : c'était de prolonger la lutte encore un jour, soit en vue de fatiguer les troupes, soit afin d'essayer une diversion, en provoquant le soulèvement de la démagogie de la province. C'est pour atteindre ce but que la journée du jeudi 4 fut résolue.

Le gouvernement apprit que des missives nombreuses avaient été expédiées, le 3, aux chefs des sociétés secrètes des départements, pour les inviter à prendre les armes, sur l'assurance que l'insurrection était victorieuse à Paris, et que la bourgeoisie prenait fait et cause pour elle.

C'est sur les assurances envoyées par les clubs que les sociétés secrètes des départements prirent les armes, un peu tardivement ; et, après que l'insurrection de la capitale eut été vaincue, réduites à elles seules, elles ne tardèrent pas à être écrasées, et devinrent naturellement victimes de rigueurs alors aussi nécessaires que regrettables.

Cette journée du jeudi 4 septembre, était considérée comme devant être à la fois rude mais décisive. L'insurrection jouait son va-tout, et même sans l'espoir de le gagner. Le 2 et le 3 décembre, c'était le ministre de la guerre, général de Saint-Arnaud, qui avait donné les ordres et dirigé les opérations. Le général Magnan demanda l'honneur d'être chargé du commandement pendant la journée du 4, et l'obtint. Il exposa au ministre son plan, qui consistait à donner à l'émeute le temps de se dessiner, de choisir son camp, d'élever ses barricades et de s'y fortifier, la difficulté étant, non pas de la vaincre, mais de la joindre et de la cerner. Le plan du général Magnan était simple, pratique, et devait réussir.

Néanmoins, ce plan, connu seulement de l'armée, ne laissa pas que de jeter de l'inquiétude dans la population, qui, ne voyant plus de troupes avant deux heures, se crut un instant abandonnée, et d'amener un regrettable malentendu entre le général Magnan et M. de Maupas, préfet de police.

A midi, l'émeute occupait déjà le boulevard et s'était fortement établie rues Saint-Martin, Saint-Denis, du Petit-Carreau et de Rambuteau; aux faubourgs Saint-Martin, Saint-Antoine, Saint-Marceau, au Panthéon et aux Halles; et, à deux heures, l'armée ne s'était pas encore montrée. Beaucoup de gens, qui voulaient le rétablissement de l'ordre à tout prix, redoutèrent une défaillance.

Moi-même, sorti à midi pour visiter le boulevard, je vis commencer une barricade au beau milieu de la rue Royale, devant la Madeleine, sans qu'il y eût un sergent de ville pour l'empêcher. J'allai raconter le fait à l'Élysée, où l'on savait la vérité, et je rentrai chez moi complètement rassuré.

Eh bien! M. de Maupas, qui ne fut pas tout d'abord dans le secret du plan militaire, et qui, quoique gardé, n'avait pas les forces nécessaires pour résister à une grande et forte attaque dirigée contre la préfecture de police, réclama par deux dépêches, contre ce qui semblait un abandon et inquiétait la population. Ces dépêches ont fait grand bruit, depuis la publication qui en fut faite par M. Victor Hugo, et dans les *Mémoires d'un*

Bourgeois de Paris, par M. Véron, où elles furent modifiées, et même, je dirai le mot, quoique un peu dur, complètement dénaturées.

Que M. Victor Hugo, renvoyé de France, ulcéré contre l'Empire, n'ayant, à l'étranger, aucun moyen sérieux de connaître la vérité sur les détails intimes des luttes qui suivirent le 2 décembre, ait ajouté foi à l'authenticité de dépêches dont le texte même révèle, néanmoins, l'absurdité, cela peut, à la rigueur, être cru, si l'on met à le croire une forte dose de très bonne volonté ; mais que M. Véron, un journaliste, un député, ayant à sa disposition la source même des informations les plus précises, ait été aussi crédule, à Paris, que le grand poète l'avait été à Jersey, cela porte un peu atteinte à tout ce que j'ai connu de la droiture de son caractère.

Voici la dépêche attribuée à M. de Maupas par M. Victor Hugo :

« *Préfet de police au ministre de l'intérieur :*

« Je suis cerné. Que faut-il faire ? »

Réponse de M. de Morny :

« Couchez-vous. »

Voici la dépêche attribuée à M. de Maupas par M. Véron :

« *Préfet de police au ministre de l'intérieur :*

« Jeudi, 4 décembre.

« Masses compactes aux environs de la Préfecture. On tire par ma grille. — Que faut-il faire ? »

Réponse de M. de Morny :

« Répondez en tirant par votre grille. »

Un homme sérieux ne saurait discuter de telles puérilités.

M. de Morny, qui, le 2 décembre, avait vu M. de Maupas à l'œuvre, ne pouvait pas, le 4, le prendre pour un enfant. Et si le ministre avait cru en péril sérieux un poste comme la Préfecture de police, il n'aurait pas répondu à son préfet : « Couchez-vous ! » Il lui aurait répondu : « Faites, au besoin, ce que je ferai, si l'on attaque le ministère de l'intérieur : défendez-vous, jusqu'à la mort, comme vous avez, ainsi que moi, juré de le faire ! »

J'ai sous les yeux, dans leur texte officiel, les deux dépêches adressées, le 4 décembre 1851, par M. de Maupas, au président de la République, au ministre de l'intérieur et au général Magnan. Voici ce texte tel qu'il a été produit, en 1876, par M. Oscar de Vallée devant la Cour de Paris, dans un procès où M. de Maupas fit condamner des journaux qui avaient reproduit les dépêches fausses :

« 4 décembre, midi 30 m.

« Les barricades augmentent à vue d'œil. L'insurrection n'avait pas, depuis trois jours, pris autant de développement et d'importance qu'elle en a dans ce moment. Les insurgés sont maîtres de la porte Saint-Denis, de la rue Grénéta, du carré Saint-Martin et des points adjacents. Une barricade, sur le boulevard, atteint la hauteur du deuxième étage. L'heure de la répression a sonné. Il n'y a pas de troupes, ou ce qu'il y en a est insuffisant. Je crois, à n'en pas douter, qu'un plan d'attaque contre la Préfecture de police sera mis cette nuit à exécution. C'est de ce côté que se dirigeront les efforts de l'insurrection. Nous sommes prêts, solides et résolus. Les barricades gagnent du terrain. Elles arrivent déjà jusqu'au quartier Montorgueil.

« DE MAUPAS. »

Telle est la première dépêche ; voici la seconde :

« 4 décembre, 1 h. 50 m.

« Un symptôme fâcheux se produit sur toute la ligne. Les habits noirs se mettent aux barricades. Les gardes nationaux portent leurs fusils ; les honnêtes gens se plaignent amèrement de l'abandon où le gouvernement les laisse, il faut agir, et avec le canon.

« Nous sommes entourés d'émeutiers ; on tire à ma porte ; la mairie du cinquième arrondissement est prise, pas un moment à perdre. Envoyez des troupes. Envoyez à la Préfecture un régiment et quatre canons.

« DE MAUPAS. »

Un ami de M. Véron, devenu le mien, le docteur B. de M... m'a raconté que le 22 janvier 1852, M. de

Morny, sortant ce jour-là du ministère, vint faire une visite à M. Véron, et lui dit, d'une manière générale, mais sans préciser aucun texte, le sens des dépêches qu'il avait échangées avec M. de Maupas ; c'est le souvenir incomplet de cet entretien qui aura égaré la bonne foi de M. Véron.

De toutes les dépêches publiées, il n'y en a qu'une de vraie. M. de Morny, pendant les journées du 3 et du 4, demandait incessamment à M. de Maupas de lui faire part des bruit qui couraient. Pour répondre à ces instances, M. de Maupas lui télégraphia ceci :

« On fait courir le bruit qu'un prince d'Orléans est à la tête d'un régiment ; mais je n'y crois guère. »

M. de Morny répondit : « Moi, je n'y crois pas du tout. »

Les symptômes signalés par le préfet de police restèrent vrais jusqu'à deux heures. Les bourgeois du quartier de l'Opéra et une partie de la jeunesse lettrée essayèrent de résister ; la 5ᵉ légion, qui livra ses fusils et laissa prendre la mairie, dut être licenciée, le 7 décembre, sur la proposition de M. de Morny, et le général Herbillon, qui avait son quartier général à l'Hôtel-de-Ville, ayant retiré le 6ᵉ léger, qui concourait à la garde des ponts, un groupe considérable d'insurgés, massé sur le quai aux Fleurs, se précipita, au pas de course, par le pont Saint-Michel, le força, envahit la rue de la Barillerie, la cour de la Sainte-Chapelle, et se présenta à la porte principale de la préfecture de police, où les gardes municipaux de service durent les repousser par une charge à la baïonnette.

A deux heures et demie, tout cela changea de face, lorsque six brigades entrèrent en ligne, avec leur artillerie ; mais les faits signalés par M. de Maupas, s'ils furent diversement jugés par le général Magnan et par lui, n'avaient pour cela rien d'imaginaire ; et il a dû être particulièrement dur pour lui de se voir accusé de poltronnerie par M. Victor Hugo et par M. Véron, lesquels eurent le plus grand soin de se cacher l'un et l'autre.

Victor Hugo alla se cacher rue de Richelieu, n° 19, chez M. Henry d'E..., dans une maison ayant une seconde issue rue de la Fontaine-Molière ; c'est lui-même qui l'avoue :

En effet, on lit dans l'*Histoire d'un crime* : « Le matin du 2 décembre, je rencontrai l'un de mes anciens amis, Henry d'E....., homme de cœur et de talent ; il m'offrit une asile chez lui, je l'acceptai. » M. Victor Hugo raconte ensuite qu'il passa quelques jours dans cette maison, d'où il sortit, sur une fausse alerte, pour se réfugier rue de Navarin, chez un parent de sa famille.

M. Henry d'E..., mû par un sentiment d'amitié, était aussi venu m'offrir un asile. Je lui répondis, et il s'en souvient, d'abord que je ne doutais pas de la victoire du Prince, ensuite, qu'en cas d'insuccès, j'irais prier le général Magnan de me faire donner une capote et un képi de soldat, résolu que j'étais à partager le sort de l'armée.

M. Véron, après avoir fait, le 2 décembre au matin, une visite à M. de Morny, alla se cacher le 3, le 4 et le 5, à Palaiseau, chez madame Bohain, au grand crève-cœur de sa fidèle et légendaire Sophie, laquelle fit, pendant ces trois jours, des efforts surhumains et touchants pour nous dissimuler la fugue du docteur. A l'heure du dîner, elle venait dans la chambre de M. Véron, où MM. Roqueplan, Millot, Perrin, Gilbert de Voisin et moi, tenions conseil, et nous disait avec tristesse : *Monsieur* vous prie de vous mettre à table ; il est souffrant, et ne peut dîner avec vous.

XXIV

RÉSULTATS MATÉRIELS ET MORAUX DE LA LUTTE

Incidents de la journée du 4. — Troupes engagées. — Morts et blessés des deux côtés. — Composition du ministère. — Expulsion de Paris des étrangers et des révolutionnaires. — La rente monte de 10 francs environ. — Lettre de M. de Maupas, sur M. Victor Hugo. — Il a refusé de l'arrêter. — Lettre de M. de Heeckeren sur sa mission au Mont-Valérien. — Révélations de l'Empereur sur M. le général Oudinot. — La vérité sur les prétendus millions enlevés à la Banque.—Ma première entrevue avec le Prince, après les événements. — Paroles qu'il m'adresse.

Donc, conformément au plan du général Magnan, les troupes entrèrent en ligne à deux heures.

Les quatre brigades de la division Carrelet débouchèrent sur le boulevard, par la rue de la Paix. En tête marchait la brigade de Bourgon, que poussaient devant elles, dans l'ordre suivant, les brigades de Cotte, Canrobert, Dulac et Reybell.

Provoquée par des coups de feu, la brigade de Bourgon pénétra résolument dans les masses compactes qui couvraient le boulevard, et poursuivit, sans s'arrêter, jusqu'à la porte Saint-Denis, d'où elle poussa jusqu'à la rue du Temple.

Au moment où la brigade de cavalerie Reybell venait, sans coup férir, d'atteindre le boulevard Montmartre, des coups de fusil, tirés par des mains gantées, partirent des fenêtres. Les cavaliers firent halte, et, les tirailleurs de la brigade Canrobert aidant, un feu terrible fut dirigé sur les fenêtres provocatrices, en même temps que le canon ouvrait les portes d'une maison à droite, en face de l'hôtel Saint-Phar. La leçon fut chaude et suffit, car le boulevard élégant garda le silence pendant le reste de la journée.

Par suite du mouvement en avant, la brigade de Cotte pénétrait dans la rue Saint-Denis, la brigade Dulac dans la rue Saint-Martin, le 15ᵉ léger, colonel Guillot, dans la rue du Petit-Carreau, et la brigade Canrobert entrait dans le faubourg Saint-Martin.

De son côté, la division Levasseur envoie au feu les brigades de Courtigis et Marulaz. La première enlève les barricades du faubourg Saint-Antoine, la seconde disperse le personnel insurgé, fortifié dans l'ancien repaire de l'émeute, qui s'étendait de la Porte-Saint-Martin à la Pointe-Saint-Eustache.

L'action avait duré deux heures et demie ; et, à cinq heures, les brigades engagées étaient ramenées sur les boulevards.

Des trois divisions Carrelet, Renaud et Levasseur, deux seules donnèrent, la première et la troisième ; et sur les onze brigades, six seulement furent engagées.

Les derniers coups de fusil furent tirés par le 51ᵉ de ligne, rue du Petit-Carreau, à neuf heures du soir, où il y eut comme une velléité de revanche, bientôt réprimée. Le jeune et brave colonel de Lourmel, qui commandait le 51°, vint plus tard me voir avant de partir pour la Crimée. Il fut tué devant Sébastopol, dans une attaque téméraire contre les *ouvrages blancs*.

C'était fini ; car, le 5 au matin, le général Carrelet ayant poussé jusqu'à Ménilmontant où l'on avait signalé des troubles, rencontra, le maire en tête, les gardes nationales de Ménilmontant et de Belleville, et en fut reçu avec acclamation.

Cette journée du 4 avait allongé inutilement, puisqu'elle avait été résolue sans espoir de vaincre, la liste des victimes.

L'armée avait eu 26 tués, dont un officier supérieur, le lieutenant-colonel Loubeau, du 72° de ligne, et 184 blessés, dont 17 officiers.

Les insurgés avaient eu 175 morts, dont 2 députés, M. Baudin, de l'Ain, et M. Dussoubs, de la Vienne ; et 115 blessés, dont 1 député, M. Madier de Montjau.

Je garantis l'exactitude absolue de ces chiffres, et je dois protester, en témoin bien informé, contre de prétendues fusillades nocturnes, qui auraient eu lieu à la suite de la lutte. Ces fusillades furent une invention absurde.

Dès le 2 décembre, il avait été formé un ministère ; mais les journées du 2, du 3 et du 4 furent remplies par les opérations militaires, et le cabinet, réuni comme en permanence au ministère de l'intérieur, ne fonctionna réellement que le 5. Il comprenait M. de Morny à l'intérieur, M. de Saint-Arnaud à la guerre, M. Rouher à la justice, M. de Turgot aux affaires étrangères, M. Ducos à la marine, M. Magne aux travaux publics, M. Fortoul à l'instruction publique et aux cultes, et M. Fould aux finances.

Le premier acte considérable de ce ministère fut le décret du 8 décembre, rendu sur la proposition de M. de Morny, et qui permit de débarrasser Paris et la France de vingt-cinq mille cinq cents clubistes, insurgés, étrangers, condamnés en rupture de ban, élément perpétuel et incorrigible de l'agitation révolutionnaire.

Le même jour, le Prince rappelant la cause et le but de l'acte d'énergie qu'il venait d'accomplir, adressa au peuple français une proclamation où il disait :

« Les troubles sont apaisés, quelle que soit la décision du peuple, la société est sauvée.

« Pourquoi le peuple se serait-il soulevé contre moi ?

« Si je ne possède plus votre confiance, si vos idées ont changé, il n'est pas besoin de faire couler un sang précieux, il suffit de déposer dans l'urne un vote contraire. Je respecterai toujours l'arrêt du peuple. »

On sait à quel point il avait exactement apprécié la pensée de la France ; le scrutin ouvert pour le plébiscite, et dépouillé le 31 décembre, par la Commission consultative, donna le résultat suivant.

Sur 8,116,773 votants ; il y eut :

Oui.... 7,439,215.
Non... 640,737.

C'était bien le résultat que le vote des conseils généraux et le vœu de quinze cent mille pétitionnaires avait fait pressentir, et que l'égoïsme des partis coalisés avait essayé de conjurer, d'abord par un refus de réviser la Constitution; au dernier moment, par une prise d'armes.

Donc, la France, protégée par l'armée, parla librement, et, comme au 10 décembre 1848, elle se confia une seconde fois, et d'une manière explicite et complète, à la sagesse, au patriotisme et au courage du prince Louis-Napoléon.

Considéré au point de vue des libertés publiques et de la souveraineté nationale, le 2 décembre était approuvé et sanctionné par la France.

Considéré au point de vue de la confiance dans l'avenir, des intérêts et des affaires, il se résumait dans les chiffres suivants :

Le 1er décembre, la veille du coup d'État, la rente 5 0/0 était à 91 fr. 60 c.

Le 16 décembre, fin de la première quinzaine, elle était à 100 fr. 90 c.

C'était donc une hausse de près de 10 francs, ou une augmentation de près d'un dixième dans la fortune publique ou privée.

Je me suis proposé, en écrivant ces *Souvenirs*, non de formuler mon propre jugement sur le rétablissement du second Empire, mais d'aider le lecteur à former le sien, en plaçant sous ses yeux, avec les preuves à l'appui, le mobile souvent inconnu ou méconnu des projets qui se formèrent ou qui s'accomplirent.

Les partis qui procèdent, dans leur politique, par voie de conspiration ou d'insurrection, ont pour caractère d'être violents, et pour penchant d'être injustes.

Cela est naturel de leur part. La force qu'ils emploient pour s'imposer leur semble légitime ; la force qu'on emploie pour résister à leur domination leur semble criminelle.

Les vaincus du 2 décembre ont donc accusé le vainqueur d'avoir *fait massacrer des femmes et des enfants*. C'est la passion qui parle ainsi. La raison répond que l'armée ne reçut l'ordre de massacrer personne, et ne massacra qui que ce soit. L'armée reçut l'ordre de faire respecter la paix des rues, et de protéger la liberté du scrutin qui allait s'ouvrir. Dans l'accomplissement de sa mission, elle n'eut donc qu'un rôle défensif. Son premier coup de fusil fut une riposte aux coups de fusil des insurgés.

La mêlée qui s'engagea fut aveugle, comme toutes les mêlées, et les balles, qui vont droit devant elles, n'avaient pas le pouvoir de discerner, dans la foule, les curieux, qui regardaient, des émeutiers, qui tiraient. Il y eut ainsi quelques victimes, inconsciemment sacrifiées, dans le désordre de la lutte. Pour tous, cela s'appelle un *malheur* ; mais cela ne se nomme un *massacre* pour personne.

Pendant la fête du 15 juillet 1839, il y avait eu plus de cent personnes, hommes, femmes, enfants, écrasées au milieu du Champ-de-Mars : aucun historien n'a accusé le roi Louis-Philippe de les avoir égorgées.

La ferme et inébranlable résolution du Prince et de l'armée, le 2 décembre, c'était de protéger la souveraineté nationale, à tout prix, et de mourir plutôt que de subir la domination d'une minorité ameutée. Cette résolution s'affirma, le 4 au matin, par le dessein de former un camp retranché dans l'enceinte du jardin des Tuileries, et d'y concentrer les moyens nécessaires à une défense désespérée. Le transport d'un grand parc d'artillerie, dans cette enceinte, commença le 4 au matin, sous la direction de M. le colonel Fleury; il ne s'arrêta que le 5, après la défaite définitive de l'émeute.

Les vaincus du 2 décembre ont également accrédité le bruit que l'arrestation de M. Victor Hugo avait été mise à prix. Moi, qui savais qu'on n'avait pas voulu l'arrêter, quoique sa retraite fût connue, et qu'on avait fait semblant de ne pas le voir, lorsqu'il partit sous la blouse et avec les papiers d'un brave ouvrier, que M. Victor Foucher, son beau-frère, lui avait procurés, j'étais intimement convaincu de l'inexactitude de l'accusation; mais j'ai voulu, comme on dit, en avoir le cœur net, et j'ai consulté, sur ce point, les souvenirs de M. de Maupas. Voici ce qu'il m'a répondu :

« Château de Vaux, par Fouchères (Aube), 27 septembre 1878.

« Mon cher ami,

« Victor Hugo se flatte, en disant qu'on a mis sa personne à prix; 25,000 francs pour sa capture, c'était beaucoup, en tout cas. Morny m'a donné l'ordre de l'arrêter. Je me suis refusé à le faire. Victor Hugo n'était nullement dangereux. Arrêté, il eût été un embarras.

« Ce que je puis vous affirmer, c'est qu'il se cachait très soigneusement, et ne se montrait nulle part où il pouvait flairer un danger quelconque. Il s'est constamment tenu dans le rôle d'organisateur à distance.

« Tout à vous de cœur.

« DE MAUPAS. »

La séquestration momentanée des députés réunis à la mairie du Xe arrondissement, ayant été la mesure évidemment la plus grave, imposée par les circonstances, il importe qu'elle soit jugée sur leur propre témoignage. J'ai déjà dit qu'ils avaient refusé de recevoir leur liberté, lorsque M. le baron de Heeckeren et M. le duc de Mouchy allèrent la leur offrir de la part du Prince ; mais je n'ai pas dit assez clairement que leur refus était fondé sur l'avantage que cette détention leur donnait de se poser en victimes de leurs opinions, sans être dans l'obligation de les soutenir par des actes.

Voici, sur ce point délicat et important, le témoignage de M. de Heeckeren, dont j'ai invoqué les souvenirs :

« Cher monsieur de Cassagnac,

« Voici une note qui vous fixera sur l'attitude prise par certains de nos adversaires, pendant la période du coup d'État de 1851.

« Après avoir reçu nos *laisser-passer,* nous partîmes à onze heures du soir, et nous n'arrivâmes qu'à deux heures du matin à pénétrer dans la forteresse du Mont-Valérien.

« Nous fûmes conduits immédiatement à la cellule de M. de Falloux, avec lequel j'étais intimement lié depuis bien des années. A mes premières paroles, il me demanda d'attendre qu'il allât chercher le duc de Luynes, son voisin de captivité. Il sortit, et revint immédiatement avec le duc.

« La discussion s'ouvrit. M. de Falloux commença, en son nom et en celui du duc de Luynes, par protester énergiquement contre l'atteinte portée par le Président à la liberté des représentants du peuple. »

Le lecteur n'a pas oublié que, le 1ᵉʳ décembre, dans la soirée, M. de Falloux avait fait offrir au Prince, par M. de Heeckeren, de prendre l'initiative d'un coup d'État contre les *représentants républicains*, et de les contraindre à l'obéissance, par la force armée. Mais, reprenons.

« Naturellement, poursuit M. de Heeckeren, je cherchai, ainsi que M. le duc de Mouchy, à expliquer la mesure. Je déclarai que la pensée du Prince, en faisant arrêter les députés, avait été de les défendre contre des entraînements qui auraient empêché d'utiliser, dans l'avenir, les services d'hommes considérables dont la France aurait besoin pour se consolider sérieusement.

« J'ajoutai que les propositions dont nous étions porteurs n'impliquaient aucun engagement; que ces messieurs resteraient libres de faire la guerre au nouveau gouvernement, qui allait demander au peuple l'approbation du coup d'État.

« Voici quelle fut la dernière réponse de ces messieurs : Vos raisonnements peuvent avoir une grande valeur; mais ils ne détruisent pas notre préoccupation très sérieuse qui est celle-ci :

« Il nous paraît impossible que la France supporte, sans tirer des coups de fusil, les arrestations nombreuses et arbitraires qui ont été faites. Dans cette conviction, nous ne pouvons accepter la liberté que vous nous offrez, même sans condition, car, une fois sur le pavé de Paris, *que deviendrons-nous, lorsque la lutte s'engagera* ?

« Au moment de la bataille, il n'y aura pour les hommes qui ont joué un rôle politique, que de faire un choix entre ces deux situations : être pour ou contre le gouvernement. Or, votre procédé violent nous défendant d'être avec vous, il ne nous resterait qu'à monter sur une barricade. »

On le voit donc, car la vérité sort de leur bouche : les députés arrêtés voulaient qu'on fît des barricades, ils l'espéraient même, et ils comptaient que d'autres y monteraient, mais ils se souciaient peu d'y monter eux-mêmes. Si les républicains insurgés remportaient la victoire, ils en auraient leur part gratis, abrités dans une prison dont les rigueurs précieuses les dispensaient de combattre, et leur assuraient le triomphe sans coup férir.

Le Prince avait excepté M. Piscatory et M. le général Oudinot de la délivrance immédiate offerte à leurs collègues. Voici les motifs qu'il donna à M. de Heeckeren de cette détermination.

« Je n'avais, dit le Prince, d'autres raisons à l'égard de M. Piscatory, que son caractère très violent, qui aurait pu le porter à des extrémités que j'aurais regrettées, car c'est un très brave homme. »

Les raisons relatives à M. le général Oudinot étaient d'une autre nature.

« A la place où vous êtes, lui dit le Prince, et il n'y a pas trois semaines qu'il y était, le général est venu provoquer une conversation dans laquelle il m'a dit qu'un coup d'État était nécessaire, et qu'il était homme à le faire, *sous certaines conditions*. Ces conditions, ajoute M. de Heeckeren, *m'ont été dites par le Prince.* » Or, on est à peu près autorisé à croire, d'après des témoignages très sérieux, et sans faire violence à la discrétion de M. de Heeckeren, que les conditions de M. le général Oudinot, pour entreprendre l'exécution du coup d'État, auraient été d'être préalablement fait maréchal de France (1) !

Il est enfin une dernière accusation que je veux détruire ; c'est celle qui, après le 2 décembre, a été imprimée et répandue contre le Prince, pour avoir, disait-on, fait enlever 20 millions à la Banque, afin de les distribuer aux troupes.

Voici la vérité à ce sujet.

D'abord, un *communiqué,* envoyé aux journaux dès le 4, expliqua au public que le Trésor, en vertu d'un traité antérieur, avait un reliquat de 20 millions disponible à la Banque, et qu'il en avait disposé, selon son droit, avant les événements.

Ensuite, le 1ᵉʳ décembre au soir, le Prince demanda à son trésorier, M. Thélin, de lui dire ce qui restait de son patrimoine et de sa fortune personnelle. Il restait juste CINQUANTE MILLE FRANCS.

(1) *Voir* la note II à la fin du volume.

Le Prince savait qu'en quelques circonstances mémorables les troupes avaient faibli devant l'émeute, faute d'avoir de quoi manger, et affamées plutôt que vaincues. Il prit donc jusqu'au dernier écu tout ce qui lui restait, et il chargea M. le colonel Fleury d'aller, brigade par brigade, régiment par régiment, et, s'il se pouvait, homme par homme, distribuer cette dernière obole aux soldats luttant contre la démagogie.

Voilà les largesses du 2 décembre.

Je finis ici la première partie du volume de mes *Souvenirs*, qui expose les préparatifs du *Second Empire*. La seconde comprendra son établissement et sa période prospère, jusqu'à l'époque où il inclina vers les idées parlementaires, par le rétablissement de l'Adresse législative ; la troisième exposera son affaiblissement, né de l'abandon toujours croissant de ses principes, sa désorganisation et sa chute, jusqu'à la mort de l'Empereur.

Je suivrai toujours dans mon récit, le même système, exposant les causes des événements, les mobiles des hommes, disant ce que j'ai vu, ou citant les témoins de ce que j'ai appris, sans l'avoir vu moi-même.

Toutefois, je ne veux pas poser la plume sans raconter ma conversation avec le Prince, la première fois qu'il me fit appeler, après les événements du 2 décembre.

J'avais toujours été frappé de ce qu'il y avait de profondément religieux, mais aussi de discrètement religieux dans son caractère, et j'étais curieux d'étudier la trace que l'idée de Dieu aurait laissée dans son esprit, après l'heureuse issue d'une lutte qui fixait sa destinée.

Un dimanche matin de l'année 1851, étant allé, sur son désir, le voir à l'Élysée, il était onze heures lorsqu'il put me recevoir : « C'est l'heure de ma messe, me dit-il ; si vous voulez venir l'entendre avec moi, nous causerons plus librement ensuite. » Je le suivis, et c'est ainsi que j'appris qu'il avait dans le palais une chapelle privée, où il assistait régulièrement, avec sa maison civile et avec ceux qui le voulaient de sa maison militaire, à une messe dite par M. l'abbé Lène, vicaire de la Madeleine, qui resta son chapelain.

Donc, le 6 décembre, ayant appris que je me trouvais dans le salon des aides de camp, le Prince me fit appeler par l'un des officiers de service. Il se promenait lentement sur le large perron de l'Élysée, du côté du jardin. Dès que j'arrivai près de lui, il me tendit familièrement, selon son habitude, le petit doigt de sa main droite, en me disant :

« Ah! monsieur de Cassagnac, je suis bien comme vous, je crois à la Providence! Vous souvenez-vous de nos conversations à Saint-Cloud, ce mois d'octobre? nous pensions alors qu'il fallait dissoudre la Chambre, en son absence. Eh bien! nous nous trompions; en la dissolvant réunie, nous avons eu à la fois toutes les résistances sous la main, et nous avons pu les briser par un seul et même effort. Ah! je suis bien comme vous, je crois à la Providence! »

« N'êtes-vous pas d'avis que nous avions tort?

« — Sans doute, Prince, car l'événement vient de prononcer contre nous. Mais vous-même, monseigneur, n'êtes-vous pas d'avis que les temps prédits par M. Thiers sont arrivés, et que l'Empire est fait?

« — Oui, si je le voulais : mais il faut que la France elle-même le veuille avant moi. Vous connaissez bien ma politique ; je suis résolu à consulter la France ; et je vous dirai plus tard quel rôle je vous réserve dans cette consultation.

« — Je suis toujours à vos ordres, Prince ; mais, M. Guizot, que je viens de voir, et qui n'est pas plus fâché qu'il ne convient de votre victoire, m'a chargé de vous dire qu'à son avis, ce serait une lourde faute de réunir la Commission consultative et de lui demander son avis.

« — Remerciez M. Guizot de son bon conseil, que je suivrai. La Commission consultative a sa valeur, mais elle n'est pas la France, dont aucune autorité ne peut suppléer l'opinion et la volonté.

« Fleury vous a demandé de ma part d'écrire un récit succinct des événements actuels. Allez vous mettre à l'ouvrage, et comptez toujours sur mon amitié. »

FIN DE LA PREMIÈRE PARTIE.

NOTES

I

Après la publication de cette première partie des *Souvenirs du Second Empire* dans le *Figaro*, M. le comte Daru d'abord et M. Buffet ensuite, ont réclamé contre l'opinion que je leur aurais attribuée sur l'emploi de la force pour dissoudre l'Assemblée, en décembre 1851.

Mes honorables anciens collègues au Corps législatif ont inexatement lu mon récit.

Dans une réunion qui eut lieu chez M. le comte Daru, le 20 novembre 1851, on discuta d'abord la proposition de réviser la Constitution, non à la majorité constitutionnelle des trois quarts des voix, comme le voulait l'article 111, mais à la simple majorité législative. On examina ensuite la question de savoir si, cette majorité simple étant acquise, on la ferait prévaloir, même par la force.

J'ai raconté que M. Fould, M. de Montalembert, M. Baroche, M. Quentin Bauchard et M. Rouher furent d'avis que si l'on décidait de réviser la Constitution à la simple majorité, il fallait nécessairement que cette décision fût exécutée; mais je n'ai nommé ni M. le comte Daru, ni M. Buffet parmi les hommes résolus qui, en discutant ces mesures graves, entendaient donner à leur délibération une conclusion efficace.

Je n'ai donc pas attribué à mes honorables anciens collègues les opinions contre lesquelles ils ont inexactement réclamé.

II

M. Oudinot de Reggio m'a également adressé une réclamation, après la publication de mes *Souvenirs* au *Figaro*.

J'avais raconté, sur le témoignage écrit de M. le baron de Heeckeren, rapportant lui-même une conversation qu'il avait eue avec l'Empereur, que M. le général Oudinot, en novembre 1851, avait été d'avis de faire un coup dÉ'tat, et qu'il avait même offert au Prince de l'exécuter, sous *certaines conditions*, révélées par l'Empereur à M. de Heeckeren; en outre, j'avais, en donnant les motifs de mon opinion, interprété *ces conditions*, en disant que le général aurait exprimé le désir d'être fait au préalable maréchal de France, pour avoir plus d'autorité sur l'esprit de l'armée.

M. Oudinot de Reggio, au nom de sentiments que je respecte, a protesté contre mon interprétation. J'avais le devoir de constater loyalement sa protestation; je le fais avec déférence; mais mon devoir ne va pas jusqu'à supprimer l'affirmation de l'Empereur, rapportée par M. de Heeckeren.

Le public averti adoptera, entre les deux versions, celle qui lui paraîtra la plus plausible.

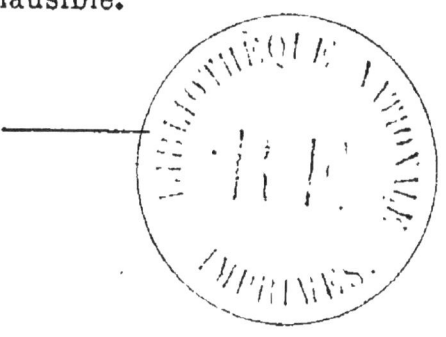

TABLE DES MATIÈRES

		Pages.
I.	— Le prince Louis-Napoléon m'appelle à Paris.	1
II.	— Ma visite à M. Guizot.	11
III.	— Ma visite à M. Émile de Girardin	19
IV.	— Ma visite à M. Véron.	30
V.	— Ma première entrevue avec le Prince.	37
VI.	— Mon entrée au *Constitutionnel*.	43
VII.	— Politique du Prince.	48
VIII.	— Dédain des hommes politiques pour le Prince. Attention du peuple pour lui.	57
IX.	— La révision est le but poursuivi par nous.	68
X.	— Aversion de Lamartine pour les Bonaparte.	79
XI.	— Comment M. Véron dirige le *Constitutionnel*.	90
XII.	— L'Empereur journaliste.	94
XIII.	— Le Prince consulte l'esprit des provinces.	110
XIV.	— Lutte ouverte de L'Assemblée et conspirations contre le Prince.	116
XV.	— Un appel au peuple s'impose	133
XVI.	— Causes qui rendaient l'appel au peuple urgent.	147
XVII.	— Nouvelle organisation du coup d'État.	161
XVIII.	— Imminence d'une crise violente	178

		Pages.
XIX.	— Affaissement de l'Assemblée.	187
XX.	— Imminence de la crise.	203
XXI.	— Préparatifs suprêmes	215
XXII.	— Arrestations. — Intervention des troupes.	222
XXIII.	— L'armée et l'émeute.	239
XXIV.	— Résultats matériels et moraux de la lutte.	255
Notes		269

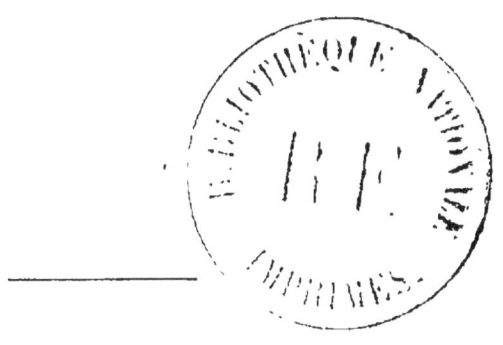

CLICHY. — Imp. PAUL DUPONT, rue du Bac-d'Asnières, 12.

www.ingramcontent.com/pod-product-compliance
Lightning Source LLC
Chambersburg PA
CBHW070759170426
43200CB00007B/833